台灣省保安司令部
沿革史

History of Taiwan Provincial Security Command

編輯說明

一、本書為民國 46 年 10 月 25 日，由台灣省保安司令
　　部印行之《台灣省保安司令部沿革史》。

二、原書部分統計表格，配合政府於民國 42 年修正《預
　　算法》後之會計年度制，自民國 38 年至民國 42 年
　　與日曆年完全相同。43 年度至 45 年度，以當年
　　7 月 1 日開始，至次年 6 月 30 日終了。43 年 1 至
　　6 月，單獨稱為 43 年上半年。46 年度僅有前兩個
　　月（7、8 月）之統計。另尚有預留民國 47 年度至
　　民國 50 年度之欄位，惟為減省頁面篇幅，於本次
　　出版時予以刪除。

三、部分通同字、罕用字，以現行字呈現，恕不一一
　　標注。

四、書末由本社編輯部另附加補充資料兩種，一為省保
　　安司令部之法源依據，二為促使台灣省保安司令部
　　編併之劉自然事件相關報告。

五、原文資料有疑義處，以〔　〕說明。

目錄

第一章 台灣省保安司令部成立前之治安機構

第一節 台灣警備總司令部

一、編組成立經過

中華民國三十四年八月，抗日戰爭勝利，前為日本竊據五十一年之台灣、澎湖，遂亦重歸我國版圖。國民政府為統一指揮台灣省陸、海、空軍，維護治安，鞏固國防，並處理軍事受降接收事件，特設立台灣警備總司令部，並派台灣省行政長官兼任總司令，當即於九月一日暫假重慶國府路第一〇四號為臨時辦公處，正式成立。旋奉軍事委員會申微令一亨簽字第三九七號代電頒發組織規程及編制表，當即著手內部編組，所有幹部亦均分別予以甄選調用。

警備總部之編組，計設有機要室、第一、二、三、四處、副官處、經理處、軍法處、調查室、會計室，並直轄特務團、通信連、軍樂隊各一。另於卅五年四月間，成立勞動訓導營，以收訓流氓等不法之徒。同年五月一日，復成立軍事法庭，以審判戰爭罪犯。

二、受降與軍事接收及遣俘

（一）前進指揮所之派遣

　　警備總部與台灣省行政長官公署，鑒於實際需要，乃在渝籌組前進指揮所，令派長官公署祕書長葛敬恩兼任該所主任，警備總部副參謀長范誦堯兼任副主任，於卅四年九月廿八日仍就重慶國府路一〇四號組織成立。十月五日上午七時，全所官兵七十一員，即逕飛台北，當日午後六時以前，均先後抵達。十月六日下午三時，並即在台灣總督官邸舊址，舉行第一次升旗典禮。一面指示日方各部隊應行集中地點，以及台灣區日軍向我正式投降前應遵守之事項。十月十日，會同地方士紳人民，在台北舊公會堂內，舉行台灣第一次國慶紀念大會，情形至為熱烈。旋警備總部人員全部抵台，指揮所即於十月廿五日撤銷。

（二）部隊開進

　　三十四年十月九日，總司令部人員由參謀長柯遠芬中將率領自渝飛滬，十月十七日，率同陸軍第七十軍主力轉乘美艦，在基隆登陸；該軍另一部，亦續於廿六日抵達基隆。總部特務團暨海軍第二艦隊李世甲司令率領之海軍陸戰隊第四團，則由福州乘船，於同月廿三日分在淡水、基隆兩港登陸。空軍人員則已先行空運台北及台南兩地。憲兵第四團，亦陸續由各港登陸。陸軍第六十二軍，則於十一月十八日至廿六日，全部自高雄登陸完畢。另有第卅一軍，則自十月初旬開始集結於福州

待命，為總預備隊。

（三）受降與軍事接收

　　三十四年十月廿五日上午十時，在台北中山堂（前公會堂）舉行中國戰區台灣區受降典禮。我方代表為兼台灣警備總司令陳上將，參謀長柯遠芬中將，陸軍第七十軍軍長陳孔達中將，海軍第二艦隊李世甲司令，空軍台北地區張廷孟司令，暨盟軍代表顧德里上校等十九人，以及台灣同胞代表林獻堂等三十餘人，新聞記者葉明勳等十數人；日方代表為台灣總督兼第十方面軍司令官安藤利吉大將，台灣軍參謀長諫山春樹中將等。由兼總司令即席廣播：「台灣及澎湖列島，從今天起，已正式重入我中華民國版圖」。旋予十一月一日組成台灣地區軍事接收委員會，展開工作，次年二月十四日接收完成。

（四）遣俘

　　當我軍接收期間，復於三十四年十二月十六日，奉陸軍總司令部亥真性孟電，成立「戰俘管理處」，並在高雄、基隆兩處各組設「港口運輸司令部」，於花蓮港設立運輸分處，隸屬於基隆港口司令部，以辦理遣送戰俘及日僑，與接待台灣同胞回籍工作。至三十五年四月底全部完成，計遣送日、韓、琉球、印度尼西亞等戰俘十六萬五千六百三十八名，日、韓、琉球僑民二十九萬二千七百一十三名，接回台胞五萬五千四百六十八人。

三、部隊整編

　　卅五年五月，奉軍事委員會令，各部隊分別實施整編，當將警備總部特務團整編為特務營，陸軍第六十二、七十兩軍，亦整編為陸軍整編第六十二、七十兩師；前者轄九五、一五一、一五七，三旅，後者轄一三九、一四〇，兩旅，均先後於同年六至八月整編完成。旋即奉令內調，所有編餘軍官，奉國防部（35）豔訓練動軍代電准予設立「獨立第八軍官大隊」。計收訓軍官七六五員，分別辦理撥補、轉業、退役事宜，於三十五年底結束。

第二節　台灣全省警備司令部

一、編組經過

　　奉國民政府主席蔣（36）防糊辰冬電：「台灣警備總司令部，改為台灣全省警備司令部，司令一職，以高雄要塞司令彭孟緝中將調升，並歸台灣省主席指揮」等因；當於五月十日成立於台北市上海路（卅七年遷駐博愛路）。時當二二八事變之後，安輯撫綏，秩序大定。旋奉國防部（36）辰艷署欲樂字第三七八二號代電頒發組織規程及編制表，計警備司令部下設辦公室、參謀處、情報處、副官處、新聞處、軍法處、軍事法庭；直屬部隊有特務營、通信連、軍樂隊等單位。同年七月奉參謀總長（36）午齊署糟字第四五九〇號及第五七八五號代電核定設立預算室，適用丁種編制。迨卅七年三月十五日，復遵奉國防部制與字第一五四號代電，將新聞處改組為政工處。同年八月，奉國防部（37）制公字第三四八號代電核定警備司令部列入第二期實施新制，並頒發修正編制表，當於十月一日遵照實施，並將預算室即予裁撤。

　　三十六年九月經省府同意，設立游民習藝訓導所，當於十一日在台北成立臨時辦事處，派員積極籌備，旋即遷往台東。並於十月一日將原勞動訓導營改編為職業訓導總隊，以分別收訓盜竊及由法院判付保安處分之人犯。

二、部隊擴編

　　卅六年十月杪，奉台灣省政府酉陷府祕機字八九七二九號代電，轉奉國民政府府防字第一七三八號代電核准，將特務營擴編為警備團，由何俊任團長，當即於十一月一日成立；迨卅七年一月一日復遵奉國防部（36）亥卅署糟字第七九五九號代電，又擴編為警備旅，由任世桂任旅長，下轄直屬部隊及第一、二兩團。又於同年十二月一日，奉台灣省政府轉准國防部（37）耀魴字第九一五號代電，成立第三團。

第三節　台灣省警備總司令部

　　三十八年初，中樞特派陳誠將軍，主台灣省政，嗣奉國防部子巧衡儉電略以「奉核定特派陳誠兼任台灣省警備總司令，彭孟緝為副總司令」。當即於二月一日，在台北市博愛路前全省警備司令部原址，組織成立。

　　警備總部，下設辦公室，第一、二、三、四處、政工處、經理處、總務處、軍法處、預算室，直屬部隊計警備旅、通信連、軍樂隊、汽車隊等；另有職業訓導總隊及游民習藝訓導所，則為收訓流氓及交付保安處分人犯之機構。迨三十八年八月底，奉命將警備總部原有人員分別撥編，而成立東南軍政長官公署，及台灣省保安司令部，並以保安司令部專司全省治安工作。

第二章 台灣省保安司令部之成立經過

第一節 成立及隸屬系統

　　奉東南軍政長官公署（38）署信字第○○八○號代電頒發台灣省保安司令部組織規程及編制表，並以（38）署信字第○○八五號訓令派彭孟緝中將為保安司令，當於九月一日在台北市博愛路前警備總部原址正式成立。下設辦公室、保安處、督察處、軍法處、總務處、政工處、電監所、檢診所；所屬單位，計有：警衛營、勤務連、通信兵連、汽車兵連、軍樂隊、職業訓導總隊、游民習藝訓導所等。歷年以來，各幕僚及直屬單位，復均有所增減，已另詳述於本章第二、三節內。至司令一職，亦奉東南軍政長官公署卅八年十二月卅一日署制字第四八九號代電轉知改由台灣省政府主席吳國楨兼任，前任彭司令改任副司令。嗣後本部司令，即均由省主席兼任，以符體制。迨四十三年七月一日，彭副司令升調國防部副參謀總長，遺缺乃由副司令李立柏少將升任。

　　本部成立之初，奉頒組織規程，原隸屬於東南軍政長官公署，受台灣省政府主席指揮；嗣奉國防部卅九年四月廿二日浩沛字第一六八一號代電轉奉總統卯冊勝村代電核定：本部隸屬行政系統，在軍事上兼受國防部指

揮；旋又奉國防部四十四年十一月十四日純紋字第一〇
五九號令頒修正組織規程，本部隸屬行政院，受國防部
之指揮監督，並受國家安全局之指導；又奉台灣防衛總
司令部四十六年五月十日（46）利判字第一九〇號令轉
奉國防部四十六年五月三日（46）揮揚字第一五一號令
核定自四十六年五月十五日起受防衛總部作戰管制。

第二節　本部各幕僚單位

政治部

原稱政工處，卅九年四月奉國防部（39）堅城字第〇二一四號及〇六六八號代電，改組為政治部，下設五個科。

辦公室

原設第一、二兩科，分別主管人事及文書電務，四十五年元月一日奉國防部（44）純紋字第一二〇九號令核准增設第三科，主管業務管制及有關綜合業務。迨四十六年一月增設人事室，乃裁減一個科，仍轄兩個科，分別主管文書電務暨業務管制與綜合業務。

人事室

本部人事業務原由辦公室第一科主辦，至四十五年冬修正編制，奉國防部四十六年一月十九日（46）增坪字第〇三七號令核定成立人事室，下設兩個科。

保安處

成立之初，下設四個科，一個警衛大隊，廿二個諜報組，一個無線電支臺，至四十一年三月奉國防部（41）熙炬字第〇六〇號代電核准增設郵電檢查所，並轄十一個檢查組；旋於四十二年八月奉國防部核准郵電檢查所直隸本部。四十一年九月、四十四年六月先後奉

准成立第廿三、廿四諜報組；四十五年元月一日奉准成
立第五科，並將警衛大隊改稱保安大隊，無線電支臺改
稱無線電臺。迄四十六年一月十九日奉國防部（46）增
坪字第〇三七號令核准裁編一個科，仍為四個科，並仍
轄一個保安大隊、廿四個諜報組及一個無線電臺。其間
四十一年九月奉國防部（41）熙炳字第四九七號代電核
准，將原台灣省情報委員會祕書處改編為本部偵防組，
下設四個分組；四十三年六月復奉國防部（43）炯焌字
第五一七號令改編為偵防處，下設督察室及第一、二、
三科與四個偵防組；迄四十六年一月十九日改編時乃予
裁撤，其人員併入保安處及所屬諜報組。

參謀處

　　本部於四十一年七月一日成立參謀處專司衛戍業
務，旋台北衛戍司令部奉頒編制正式成立，參謀處乃予
撤銷。迄四十六年本部修正編制奉國防部一月十九日
（46）增坪字第〇三七號令核准再予成立參謀處，下設
三個科。

督察處

　　下設三個科。

總務處

　　原設三個科，四十六年一月十九日奉准增設一個
科，現共四個科。

特檢處

　　原稱郵電檢查所，隸屬保安處；四十二年八月奉國防部核准改為直隸本部，至四十三年六月復奉國防部（43）炯焌字第五一七號令改編為特檢處，下設兩個科及十一個特檢組；旋於四十四年十二月奉國防部（44）純紋字第一二○六號令准增設一個金門特檢組。迨至四十六年五月奉國防部（46）增坪字第○三二九號令准增設第三科，並共轄甲種特檢組六，乙種特檢組十二。

電信監察處

　　原稱電信監察所，下設兩個組。卅九年三月奉東南軍政長官公署（39）署制字第七九六號代電核定，將兩個組改編為三個科。迨至四十三年六月復奉國防部（43）炯焌字第五一七號令准改稱電信監察處，除原轄三個科外，並增設船舶電信管制室一，及電信監察組三。

軍法處

　　下設兩個科及看守所一。

連絡組

　　四十一年十一月奉國防部（41）俞境字第三五一號代電核准成立，專司外事連絡、外賓接待及編譯事宜。

　　歷年以來，本部編制迭有改變，然均就原有員額調整，並未有所增加。此外幕僚機構除上述各單位外，為

統一軍民出入境之管制，於四十一年十一月奉國防部
（41）俞境字第三五一號代電核准編組軍民出入境聯合
審查處，將本部保安處、督察處、台灣省警務處等單位
承辦上項業務人員，集中辦公，編組為五個科，以統
一審查發證工作。嗣於四十六年二月十八日奉國防部
（46）增坪字第八九號令核准改稱入出境管理處。處長
一職初由本部副司令王潔中將兼任。四十六年七月一日
王潔中將調任台北衛戍總司令部副總司令，處長職務由
副處長任建鵬兼代。

第三節　勤務部隊

一、警衛營

　　警衛營於卅八年九月一日，由前台灣省警備旅第一團第二營改編成立，下轄突擊排、輸送排及第一、二、三連、機槍連等，並派鄭尚明中校為營長。四十二年七月一日，鄭尚明他調，由譚先知中校繼任；四十三年十二月十六日譚先知中校另調他職，由唐矼熙少校繼任。四十四年十二月十六日，將突擊、輸送兩排編併為營部排，機槍連改稱第四連。四十六年四月十六日，由胡偉烈少校繼任營長。同年七月一日，新生訓導處勤務中隊之一部，奉令編併為該營第五連。現營部下轄有營部排及步兵第一、二、三、四、五連，分駐台北、台東、台中、綠島各地，擔任本部及看守所與新生訓導處、種馬牧場、各職訓總隊之警衛事宜。

二、本部大隊

　　本部原屬之勤務連、汽車連、通信連及軍樂隊等，為求事權統一，指揮靈活起見，經呈奉國防部四十六年五月廿二日（46）增坪字第○三一三號令，核准成立本部大隊，即將該四個單位，統行納入大隊編制，而改稱為勤務、汽車、通信、軍樂等隊，業於四十六年七月一日正式成立，並派戴逢白中校為大隊長。

三、檢診所

　　本部成立之初，奉頒檢診所編制，計有醫護人員十一員，分別擔任官兵眷疾病診療、保健、防疫、衛生教育、環境衛生等業務。嗣於四十五年四月間，奉令分發醫官一員到部。同年七月一日，呈奉國防部（45）紹緒字第〇四九一號令核准修正編制，增設醫護人員為十三員，旋即先後補充足額，對於各科病患之醫療，已較趨健全。另於四十五年，曾就台北市各醫院聘請特約醫師十餘人，包括內、外、婦產、X光、電療等科，本部官兵前往就診，均有所優待，並經呈准雇用化驗師一員，以擔任檢驗工作。

第四節　隸屬單位

一、保安幹部訓練班

　　四十五年春，本部為使各級幹部熟習保安業務，乃於三月一日成立保安幹部訓練班，並奉國防部同年三月十四日（45）紹緒字第〇一九三號令核准編組，由本部副司令李立柏中將兼班主任，派保安幹部團團長姚盛齋少將兼該班副主任；四十六年四月十五日，姚盛齋少將奉調入學，改由該團兼代團長樊亮少將兼任；並已舉辦第一期軍官班，召訓准尉級學員一〇二員，於四十五年十月廿二日入學，四十六年四月廿日結訓。同年七月一日保幹團裁撤，為充實該班員額與編制，現於班主任下設有政治室、行政組、教務組等，副主任一員亦改由樊亮少將專任。

二、台中區指揮所

　　自省政府疏遷台中後，本部為圖便於協調與聯繫計，乃於四十五年冬，呈請成立台中區指揮所，旋奉國防部四十六年元月十九日（46）增坪字第○三七號令核頒編制，並即於元月一日正式成立，派蔡曉春上校為主任，下設一、二科，另編組第三科，以統一督導協調本部台中區各治安及查緝單位。

三、基隆、高雄兩要塞總隊及馬公要塞大隊

　　基隆、高雄、馬公三要塞司令部，原直隸陸軍總司令部，四十六年春，層奉總統核定，改隸本部，並縮編為基隆、高雄兩要塞總隊及馬公要塞大隊。同年三月十三日，奉國防部（46）增坪字第○一四九號令頒發編制，計基隆、高雄兩要塞總隊，下各設政治處、副官組、作戰組、後勤組等；連同馬公要塞大隊，均於五月一日正式成立。分派項克恭少將為基隆要塞總隊總隊長，黃幼勉少將為高雄要塞總隊總隊長，吳永勝中校為馬公要塞大隊大隊長。各該要塞總（大）隊之任務，與改編前相同，惟一般行政由本部直接指揮監督；作戰方面則仍分別配屬於第一、二軍團及澎湖防衛司令部指揮，以遂行戰鬥任務。

四、保安幹部大隊

　　卅九年九月廿四日奉國防部銓銘字第三三六五號代電，核頒保安幹部總隊編制，十月一日成立於宜蘭縣金六結，由鄧定遠少將任總隊長。總隊設辦公室、政治部、參謀組、補給組、醫務所及勤務中隊；下轄大隊三，中隊十二，以收訓各部隊編餘軍官及無職軍官，四十一年七月三日移駐台北縣新店大崎腳。

　　四十三年六月十九日奉國防部（43）炯焌字第○五一七號令，改編為保安幹部團，仍由鄧定遠少將任團長，團設團長辦公室、政治部、第一、二、三、四組，總務、醫務兩組及直屬勤務中隊；下轄大隊三，中隊九。除從事於保安幹部訓練外，並派遣服行管制、警備等勤務。

　　四十三年十一月十六日鄧定遠少將奉調國防部，乃調新生訓導處處長姚盛齋少將接任。四十六年四月十五日，姚盛齋少將奉命赴國防大學受訓，即由該團副團長樊亮少將兼代團長。

　　嗣因保安幹部團大部人員，均調服聯檢及山地管制勤務，遍佈全省各地，指揮運用及補給支援，均感不便，為配合實際需要，當將調服兼勤人員，正式納入聯檢及山地機構編制內，並經呈奉國防部四十六年五月廿二日（46）增坪字第三一三號令核定，將該團裁撤，自四十六年七月一日起，縮編為保安幹部大隊，大隊長由原保安幹部團參謀長王毓剛上校調充。

五、新生訓導處

　　卅八年冬，我軍於金門及登步兩度大捷，俘匪甚
夥，其送台灣處理者，約四千四百餘名，經先後予以清
查，分別撥補兵役後，尚餘五百九十七名，均屬朱毛匪
幹或匪黨黨員，思想中毒甚深，一時難於清除，政府為
使其悔過向善，再有報效國家之機會，乃責成本部籌組
匪俘感訓機構，並於三十九年一月，奉東南軍政長官公
署一月廿四日署制字第五七一號代電頒發新生總隊編
制，並派姚盛齋少將為總隊長，二月一日，於台北市廣
州街警察學校內正式成立。總隊部下設訓導、編審、總
務三組，醫務所一；轄中隊五。並於三月一日，移駐台
北縣內湖國民小學，接收第六軍軍官大隊匪俘新生一
批，編成五個中隊，展開感訓工作。嗣於同年五月一日
及六月一日分別成立第六、七中隊，收訓匪嫌犯新生；
八月一日收訓女性新生，編成一分隊；迄三十九年底，
計收訓匪俘新生一〇六九名，男女匪嫌新生四九四名。

　　四十年春，奉國防部三月十六日（40）綱緯字第一
六四七號代電改編為新生訓導處，設政治處、辦公室、
第一、二、三組、醫務所及勤務中隊；下轄大隊三，中
隊十二。並於同年五月十五日遷移駐址，自基隆乘平遠
號登陸艇，十七日到達台東縣綠島鄉，進駐新建營舍。
同年奉國防部（40）則制字〇一三〇號代電，准將叛亂
犯，撥交該處並同感訓，至四十三年奉國防部五月三日
誠謨字一三五三號令限定以後專收匪俘。同年（四〇）
十二月十六日該處處長姚盛齋少將，奉令調任保安幹部

團團長，由副處長唐湯銘上校升任處長；四十六年二月一日唐湯銘上校奉調本部增設副參謀長，由副處長周文彬上校升任處長。

六、各職業訓導總隊

　　職業訓導第一總隊，原由勞動訓導營改編而成，當時由台灣警備總司令部第二處課長蔣碩英上校兼營主任，於三十五年四月間成立於台北縣大直；同年十月改由呂常少將接充。三十六年五月一日，隨警備總部之改編，而改隸台灣全省警備司令部，並於十月一日改編為職業訓導總隊，由張柏亭少將任總隊長。三十八年二月復隨警備司令部之改組，改隸台灣省警備總司令部，由張慕陶少將任總隊長。三十九年九月一日，改隸本部，乃由姚虎臣少將任總隊長。四十一年四月，繼由副總隊長王弼少將升任總隊長，五月一日奉國防部（41）熙炬字第字三〇八號代電改編為職業訓導第一總隊。至原游民習藝訓導所，曾迭由少將朱瑞祥、左協、張宜民等任所長；至是亦同時改編為職業訓導第二總隊，而分由王弼少將及陳中良上校任總隊長。四十五年一月一日，職業訓導第二總隊改由歐陽欽少將任總隊長。四十二年一月奉國防部（41）熙烽字第七五二號令增設職業訓導獨立大隊，成立於福建金門。四十三年十一月奉國防部（43）炯焌字第一〇〇八號令核定修正編制，各該總隊下設政治處、辦公室、教務組、總務組、醫務組及勤務排；下轄大隊三，中隊十二。四十四年五月一日，獨立大隊遷駐本省屏東縣琉球嶼，翌年春撥編為職業訓導第一總隊之第三大隊。四十五年十月十三日又奉國防部（45）紹緒字第〇六七五號令成立職業訓導第三總隊。

　　本部現有職業訓導總隊三。計第一總隊駐台北縣板

橋鎮，由吳仲衡上校任總隊長；第二總隊駐台東縣岩
灣，由王槐成上校任總隊長；第三總隊於四十六年一月
一日籌組成立，駐屏東縣琉球嶼，由劉明深上校任總隊
長，同年六月一日劉員調職，改由該總隊副總隊長徐文
德上校升充。

七、生產作業總隊

　　政府為開發本省中央山脈之天然資源，溝通台中與花蓮間之交通，經劃定橫貫公路路線，並利用已決軍事犯調服外役力量，期其興建完成。當於四十六年四月十一日奉國防部（46）增坪字第〇二〇七號令頒發生產作業總隊編制表，並派易光漢上校任總隊長。總隊下設政治處、辦公室、訓練組、總務組、醫務組及勤務排；下轄大隊三。總隊部各單位及第一大隊，於四月一日正式成立，五月十日進駐南投縣。第一大隊旋即開往工作地區，第二大隊亦於七月一日組成。

八、山地治安機構

　　（一）本部為確保全省山地治安，於三十九年十月一日呈奉國防部（39）浩淦字第三一四號代電核准設立北峰、新峰、中峰、高峰、雄峰、東峰、蓮峰及吳鳳等八個山地治安指揮所，其編成人員均由本部及當地駐軍憲警機關分別調派兼任。迨四十一年四月始呈奉國防部（41）熙炳字第一四四號代電核准改為專設，並冠以駐在地之縣名，分別改稱為宜蘭、新竹、南投、屏東、高雄、台東、花蓮、嘉義等山地治安指揮所。同年十二月奉國防部（41）熙炳字第六〇三號代電頒發正式編制表。四十二年十二月奉國防部（42）編繕字第〇一一號令修正編制；翌年三月一日，復奉國防部（43）炯焌字第五一七號令增設台北、桃園、苗栗、台中四個指揮所，合計為十二個指揮所。

　　各該所均係當地縣長兼指揮官，警察局長兼副指揮官，另由本部派副指揮官一員以專理其事。

　　（二）日月潭發電所，為台灣省最主要電源之一，其內部安全管制工作之良窳，影響全省工礦業及軍民用電至鉅，四十年五月間，本部曾奉指示編組統一管制機構，當於是月廿八日，以安佳字第一五三四號代電將編組情形呈報國防部，並副知有關日月潭發電區憲警單位。六月一日即成立日月潭發電區管制室，派留健上校為主任，以統一指揮日月潭發電區服勤之憲警。四十三年八月，在商討該室權責劃分座談會上，經決議改稱為

日月潭發電區警備指揮所。十月奉國防部（43）炯焌字第○五一七號令核頒編制表，仍由留健上校任指揮官。四十四年五月十六日，留健上校調任桃園山地治安指揮所，改派陳世昌中校任指揮官。四十五年九月一日，陳世昌中校奉調國防部，乃派李文童上校繼任。四十六年一月一日李文童上校調本部總務處副處長，乃派李宏上校任指揮官。

（三）四十六年七月一日，因保幹團裁撤，所有原調服山地勤務之保幹隊員，即正式納入山地體系，成立十三個警備組，分別隸屬於各山地治安指揮所，及日月潭發電區警備指揮所。

九、沿海檢查機構

　　本省四面環海，港灣眾多，商賈船舶，進出頻繁，而空運事業，亦逐日發達，遠在民卅八年三月一日，即由前警備總部令飭各當地駐軍及憲警機構派員分別組設基隆、高雄兩港口聯合檢驗處，及松山、台南兩機場聯合檢驗組，以從事於進出口旅客之檢查工作。同年六月十八日，澎湖戒嚴司令部召開第四次馬公港船舶管理會議，亦經決議組織馬公港聯合檢驗處，並即由軍憲警派員參加，合併組成。迨本部成立後，為加強防止匪諜滲透，及維護出入境人員物資交通工具等之安全，乃商承省府同意，並於卅九年五月呈奉國防部（39）堅塹字第〇四七六號及（39）堅城字第〇六七九號兩代電，核准將各聯檢處組改為專設，並隸屬省府及本部；復於花蓮、蘇澳各港口，亦同時設立聯檢處。四十年四月，復奉國防部（40）綱緯字第〇一五四七號代電核准增設和平島、布袋港兩聯檢組。同年九月，因事實需要，將蘇澳聯檢處移設安平港改為安平港聯檢處。四十一年十二月廿四日，奉國防部（41）熙炳字第六〇三號代電核定高雄、基隆兩港口聯合檢驗處，為甲種聯檢處；馬公、花蓮、安平為乙種聯檢處。四十二年八月一日，裁撤布袋港聯檢組，改設南方澳聯檢組。四十三年六月，奉國防部（43）炯焌字第五一七號令，核准將松山機場聯合檢驗組改稱為處。

　　四十四年十二月廿六日，奉國防部（44）純紋字第一二〇九號令，核定各聯檢處下原設之檢驗、偵訊、警

衛三組,改稱為第一、二、三組。四十六年一月卅日奉
國防部（45）增坪字第○五六號令,核定將松山機場
聯合檢驗處,改稱為台北國際機場聯合檢驗處,下設
一、二、三組及軍機組。四十五年九月十九日,奉國防
部（45）紹緒字第○六一七號令,核准本部自行特設
東港、成功、舊港、布袋等四個聯檢組;於同年九月
十六日,分別以保安幹部團第一、二兩大隊部,及第
六、八兩中隊部人員,編組成立。又於四十六年一月卅
日奉國防部（46）增坪字第○五六號令核定,合併安平
聯檢處及台南機場聯檢組為台南聯檢處,下設一、二、
三組及機場組。復將和平島聯檢組,併入基隆港口聯合
檢驗處。

四十六年五月廿二日,奉國防部（46）增坪字第○
三一三號令核定將原特設之舊港、東港、成功等聯檢
組,改為專設聯檢組。將原特設布袋聯檢組撤銷,改為
布袋檢查所;並另設聯檢隊九個,統於四十六年八月一
日成立。各聯檢隊,係分別配屬沿海各聯檢處組,擔任
各檢查所哨檢查任務。

除上述各聯檢處組外,並於沿海重要港口,分設有
檢查所三十八個,檢查哨四七一個,負責全省各港口漁
船、漁民安全管制檢查工作。

十、各遊動查緝組

　　卅九年五月呈奉東南軍政長官公署（39）署密字第〇三九七號代電，核准設立遊動查緝組。同年七月十四日，奉國防部（39）堅城字第〇六七九號代電頒發編制表，下轄三個小組，駐於台北，以執行全省查緝工作。其主要任務為緝辦走私及妨礙國家總動員（地下錢莊、套匯、非法買賣金鈔等）、私煙酒等案件。並防止非法出入境、嚴查軍用物資濟匪及匪區物資來台，以配合經濟作戰。四十年七月間，台灣省政府鑒於本部查緝組成立以來，迭破巨案，成效卓著，不但穩定本省金融經濟，且使國家稅收增加甚多，於是商請本部將遊查組擴大三倍人力，以收查緝宏效；乃於四十年八月，呈奉國防部（40）綱緯字第〇三五七號代電，核准成立遊動查緝第二、三組，分駐高雄、台中，並將原有之遊動查緝組，改稱為第一組，仍駐台北，各組編組同前。四十一年十二月廿四日，復奉國防部（41）熙炳字第六〇三號代電改組，仍賦予遊動查緝第一、二、三組之番號及編制。

十一、種馬牧場

　　四十一年三月，奉國防部（41）實審字第四八一號
代電成立籌備委員會，派參議楊守紳少將兼主任委員，
聯勤獸醫器材儲備庫庫長陳裕江中校兼副主任委員，在
台中后里籌組成立。八月一日奉聯勤總部（41）立端
字第二一三五號代電頒發編制，而正式成立台灣種馬牧
場，由孫兆鳳上校為場長。至獸醫器材庫仍在台北縣內
湖鄉內湖國民小學原址，由陳裕江為庫長。

　　四十四年九月一日，奉國防部（44）純紋字第
七二一號令改隸陸軍總部；四十五年四月十日奉國防部
（45）紹緒字第二六四號令，自五月一日起，種馬牧場
連同獸醫器材庫改隸本部；同年十月一日，奉國防部
（45）紹緒字第六四九號令將獸醫器材庫併入種馬牧
場；復於十一月十日奉國防部（45）紹緒字第七四五號
令核准延至四十五年十二月一日為編併實施日期。現種
馬牧場下設辦公室、育馬組、管教組、獸材組，專負改
良馬種，補充教育用馬、獸醫藥材、蹄鐵及馬政事宜，
仍由孫兆鳳上校任場長。

第五節　有關各單位

一、防空指揮部

　　本部成立之同時，經編組成立防空指揮部，派彭啟超上校任指揮官，旋於三十九年四月奉國防部（39）堅城字第三二號代電核定裁併，另改設為全國性之防空司令部。

二、省垣警備指揮部

　　四十年四月，奉國防部（40）綱經字第一七一號代電核定設立省垣警備指揮部，並派本部副司令王潔少將兼任指揮官，所屬人員均由本部派兼，不另設編組。迨四十一年七月間，為鞏固此一戰時首都之治安，國防部復以熙炳字第三四〇號電飭令成立台北衛戌司令部，並派本部副司令彭孟緝中將加上將銜兼任司令；而於本部之幕僚機構中增設參謀處，其下初設三科，以專辦衛戌部業務，原省垣警備指揮部亦於衛戌部成立之日撤銷。至四十二年七月，奉國防部（42）編繕字第〇三三三號令增為一至四科。同年八月，奉國防部（42）編繕字第〇五六八號命，頒發正式編制，下設政治部、第一至四處，及總務組與勤務排等單位；其駐地仍與本部同一大廈，由本部撥給辦公房舍，並派黃杰中將為司令；原兼司令陸軍中將加上將銜彭孟緝將軍，專任本部副司令，本部參謀處亦同時裁撤。

三、台灣省生產教育實驗所

　　四十二年五月，准台灣省政府（42）府人甲字第四八九一號函，交由本部籌組台灣生產教育實驗所，並即劃歸本部指揮。迨四十三年七月一日，始准省政府（43）府人甲字第六二二六號函正式成立於台北縣土城鄉，主任一職由本部副司令王潔少將兼任，並以本部政治部主任王超凡少將及台灣省警務處處長兼副主任，下設教務、訓導、總務三組，人事、主計二室；轄五班，收訓感化（匪嫌）犯，從事思想訓導及生產技藝之教育。

　　四十六年三月一日，該所兼主任改由王超凡少將兼任，副主任一職由袁祖恢少將繼任。

第三章　台灣省保安司令部之使命

第一節　主要任務

一、工作方針

　　三十八年九月，本部奉令成立，正值大陸局勢逆轉，軍民紛紛撤退來台，以致匪諜乘機滲透，叫囂擾攘，秩序混亂，人心惶惶。本部受命於危難之際，深感恢復社會秩序，鞏固地方治安，實為無可旁貸之職責；乃決定以肅奸防諜為中心工作，並針對朱毛匪幫滲透陰謀，審度本省地理環境，策定「對外檢查管制，對內整肅清查」，為本部工作基本方針，力求「無枉無縱」、「公正廉明」，以達成清除奸惡，保障善良之目的。

　　迨自本（四十六）年五月一日，各要塞撥隸本部後，復增加要塞防護及支援防衛作戰之任務，基於當前所負使命，乃訂定「三環作戰，肅防第一」，為構成本部作戰之概念，爰就此一概念闡述如後。

三環作戰之意義

　　一曰政治戰：乃對匪諜及一切反動份子，進行檢肅及反心戰，反情報之綜合行動。

　　二曰經濟戰：在管制經濟市場，輔助經濟發展，防

止匪諜之經濟滲透與破壞。

三曰軍事戰：海岸設防，山地管制，交通資源維護，置重點於港口，協力摧毀來犯之敵。

以上三者，具有不可分之連環性，必須密切配合，共同發展。

肅防第一之意義

總統訓示：「你的敵人就在你的旁邊」，「所以今後我們要戰勝共匪……先要加強保密防諜工作」。復查美軍經韓戰後之戰術思想，首重「後方警備安全」。即俄共永久性作戰因素，亦以「後方安定性」列為首項。

本部為根絕亂源，鞏固後方，確保反攻基地之安全，主在對匪諜及一切反動份子地下作戰求得決定性之勝利。故曰肅防第一。

二、工作依據

本部依據後列之重要法令，以執行保安業務。

（一）行政院頒佈之本部組織規程。

（二）「戒嚴法」、「台灣省戒嚴業務執行辦法」暨「台灣省戒嚴時期軍法機關自行審判及交法院審判案件劃分辦法」。

（三）「懲治叛亂條例」。

（四）「戡亂時期檢肅匪諜條例」暨其他有關法令。

三、保安業務

本部職司全省治安，為鞏固反攻基地，其主要工作分述如次。

（一）治安工作

指揮督導全省警察及服勤之憲兵部隊，對擾亂社會治安，危害公共安全之一切流氓竊盜，各種不法份子，實施取締檢肅。諸如民間自衛槍枝亦予調查登記，列入管制，以防不法之徒滋生事端；並為杜絕竊盜宵小、不法逃犯及匪諜份子，潛匿民間，除每年實施「保安檢查」外，並經常督飭實施戶口清查，以補助戶政管理之不足，藉收防制之效。

（二）警備工作

自各要塞撥隸本部以後，各該港口之陸上警備、海岸防務及山地警備，均由本部協力防衛總部擔任。各該要塞，及沿海檢查、山地治安等機構，同時接受防衛總部及澎湖防衛部之作戰管制。其次為全省工礦、場、廠之監護工作，均由本部指揮督導駐守場廠之保警部隊負責，以維護其安全。

（三）管制工作

本部有關防止匪諜滲透活動，管理入出境人員，及維護交通工具之安全，連同加強山地治安與電信監察等措施，特分述如後。

1. 人員入出境管制

　　為防制匪諜滲透及不法份子活動，凡申請入出境人員，均予審核登記，嚴密管制，以維護本省治安。

2. 港口機場交通航運管制

　　凡入出境人員、物資及交通工具，均予實施詳密查驗放行，藉以防制匪諜滲透活動及不法份子從中肇事，以保航運安全。

3. 山地管制

　　本省山脈綿亙，森林茂密，佔全省面積百分之四十六強，而山胞文化水準與生活方式，均較落後；為防止匪諜滲透及不法之徒匿跡其間，伺機擾亂，除山地居民，均予調查登記，並督導青年編組訓練外，諸凡出入山地人員，亦予詳密檢查登記通行，加強管制，以維護治安。

4. 電信監察

　　為確保本省電信安全，依法執行電信防諜偵測與電信保密管制工作，對我軍用非軍用各類電台人機，以及電信器材廣播收音機等，經予辦理登記、考核、監察與清查，並實施對船舶電信聯絡與航空器通信管制，查核電信廠商生產能量與進出口動態，整研電信情報資料，發掘匪諜在台潛設電台，及防杜我方電信設施為匪及非法利用。

5. 郵電管制

為維護軍機，肅奸防諜，並根絕反動思想毒素，蒐集情報資料，執行郵電及書刊檢查，以期確保國防安全。

（四）經濟檢查工作

為防制匪諜及不法份子，從事走私販毒，經營私煙、私酒、私鹽、私宰，及操縱金鈔黑市買賣，陰謀破壞經濟措施，特依法實施經濟檢查，加強緝私，以裕庫收，穩定金融。

（五）肅防工作

朱毛奸匪對台灣滲透陰謀及其顛覆活動，奸險叵測，如蒐集情報、策反、心戰、行動，以及擾亂、破壞等，無不積極對台進行；本部為維護社會安全，鞏固反攻基地，對肅奸防諜工作，竭盡智能，全力以赴，藉以肅清潛台匪諜，整肅叛亂份子；並舉辦自首自新暨被迫附匪份子登記，以保障其安全。復為使其悛悔向善，對自首登記及刑滿暨結訓之新生等份子，實施感訓考管，輔導就業，俾使重作新人，再獲報效國家之機會。

總之，本部業務龐多，具如上述。在此反共抗俄時期，深覺安定後方，鞏固基地，實為第一要務；至其他政工、人事、文書、軍法、總務及行政諸措施，均為配合此一任務而努力，不及一一備述。

第二節　工作成果

本部自奉命成立，遵循中央決策、政府法令，所有全體官兵，均能上下一致，精誠團結，竭盡智能，從事於保安工作。八年以還，尚稍有成就，茲就歷年來重要工作成果分述如後。

一、肅防工作
辦理匪諜案件成果之統計。

二、治安工作
破獲貪污不法案件及取締流氓成果。

三、經濟檢查工作
查緝走私、私菸酒、漏稅、販毒及違犯金融措施成果。

四、管制工作
軍民入出境人數及身份之調查統計，查獲偷渡案件，與山地入山人數之調查登記，及郵電檢查及電信監察等成果。

以上所述均係擇要列舉，各項成果統計如附表十一－廿二。

附錄

附表一 台灣省保安司令部組織系統

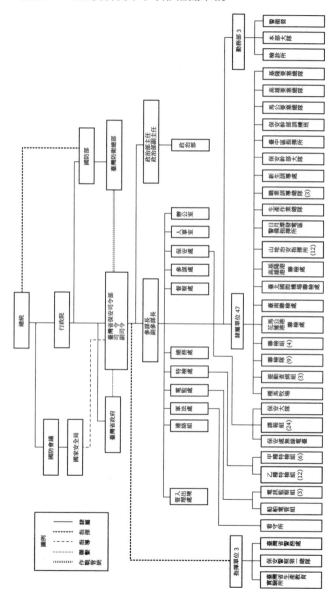

附表二　台灣警備總司令部業務職掌表

單位	業務職掌
機要室	文書、譯電
會計室	預算、編審及監督
調查室	社會調查、防諜
第一處	人事、勳獎、點驗、整編、外事翻譯
第二處	情報、宣傳
第三處	教育、訓練、作戰、警備及海、空軍作戰聯繫
第四處	補給、交通、通信
副官處	交際、管理、庶務、衛生勤務
經理處	軍需、會計、軍械
軍法處	審判、偵察、看守

附表三　台灣全省警備司令部業務職掌表

單位	業務職掌
辦公室	預算、典守、印信、機要文件之處裡
參謀處	作戰、警備、教育、人事、後勤、交通、通訊
情報處	情報、防諜、兵要地誌及諜員管訓
副官處	行政、人事發佈、收發文電、交際管理、經理、財務
新聞處	政治教育、宣傳情報
軍法處	審判、偵察、看守

附表四　台灣省警備總司令部業務職掌表

單位	業務職掌
辦公室	文書、印信、典守、譯電
第一處	人事、勳獎之發佈、人馬補充、兵役督導
第二處	情報、訓練、防諜、策反、總務、警衛、通信
第三處	警備、治安、作戰、編制、教育訓練、海空軍作戰聯繫
第四處	補給、裝備、交通、通信
總務處	交際、外事翻譯、管理、總務、衛生勤務
經理處	財務、經理
軍法處	審判、偵察、看守
政工處	宣傳、組訓
預算室	預算、編審、監督

附表五　台灣省保安司令部業務職掌表

單位	業務職掌
政治部	組織、政訓、監察、保防、民運及新聞紙類、圖書、雜誌之審查及新生管訓業務之指導
辦公室	文書電務、印信典守、業務管制、法規、史政、研究發展、表報管制、兵棋室管理及機要文電之撰擬
人事室	人事管理、經管業務、分類任職、人員供求、人事勤務、人事資料等之管理
保安處	情報、肅奸防諜、治安、行動、偵訊、羈押管理、特別警衛、特殊份子考管、管訓部隊之指導
參謀處	作戰、警備、山地治安、教育、訓練、編裝及要塞部隊、保安部隊之指導
督察處	人員物資出入境之管制、船舶航空工具進出口之安全檢查、交通通信設施之維護、協助查緝走私及械彈領發
總務處	交際事務、交通、購置、福利、營產、財產管理、修建、物品經理、馬事、預算、財務
特檢處	郵電、圖書、刊物之檢查管制
電監處	電信監察、偵測及電訊器材之管制與電訊情報之研整
軍法處	軍法案件之檢察、審判、辯護、人犯羈押
聯絡組	外事聯絡、翻譯
入出境管理處	軍民入出境之登記、審核、管制

附表六　台灣省保安司令部成立前後各時期歷任高級
　　　　長官異動表

〔部分人員到離日期超出單位成立、改組日期，依原文
呈現〕

台灣警備總司令部時期

◎ 本部兼總司令

　姓　　　名：台灣行政長官兼（上將）

　就職年月日：34.9.1

　離職年月日：36.5.10

◎ 本部副總司令

　姓　　　名：陳孔達（中將）

　學　　　歷：保定軍校八

　　　　　　　陸大特一

　就職年月日：35.1.1

　離職年月日：36.4.10

◎ 本部參謀長

　姓　　　名：柯遠芬（中將）

　學　　　歷：軍校四期

　　　　　　　陸大十一期

　就職年月日：34.9.1

　離職年月日：36.5.10

◎ 本部副參謀長

姓　　　名：范誦堯（少將）

學　　　歷：軍校五期

　　　　　　陸大十一期

就職年月日：34.9.1

離職年月日：36.5.10

◎ 機要室主任

姓　　　名：黃俊卿（軍簡二階）

學　　　歷：上海中國公學大學部政治系

就職年月日：34.9.1

離職年月日：36.5.10

◎ 調查室主任

姓　　　名：陳達元（少將）

學　　　歷：金陵大學

就職年月日：34.11.14

離職年月日：36.1.31

◎ 會計室主任

姓　　　名：鄔時坻（一等軍需正）

就職年月日：35.3.26

離職年月日：36.5.10

◎ 第一處處長

姓　　　名：蘇紹文（少將）

學　　　歷：日本士官二○砲

　　　　　　日本砲工校三八高砲

就職年月日：34.9.19

離職年月日：36.5.10

◎ 第二處處長

姓　　　名：林秀欒（少將）

學　　　歷：日本士官二六砲

　　　　　　中訓團黨政班二四

就職年月日：34.9.6

離職年月日：36.5.10

◎ 第三處處長

姓　　　名：王清宇（少將）

就職年月日：34.9.5

離職年月日：35.8.6

姓　　　名：盧雲光（少將）

學　　　歷：軍校七砲

　　　　　　陸大十五

就職年月日：35.8.6

離職年月日：36.5.10

◎ 第四處處長

　　姓　　　名：熊克禧（少將）

　　學　　　歷：日本士官十九

　　　　　　　　陸大特四

　　就職年月日：34.11.13

　　離職年月日：36.5.10

◎ 軍法處處長

　　姓　　　名：徐世賢（軍簡一階）

　　學　　　歷：國立北京法政大學

　　就職年月日：34.9.6

　　離職年月日：36.5.10

◎ 軍事法庭庭長

　　姓　　　名：錢國成（簡任）

　　學　　　歷：中央大學畢業

　　就職年月日：35.5.1

◎ 經理處處長

　　姓　　　名：陳紹咸（軍需監）

　　學　　　歷：復旦大學商科

　　就職年月日：34.9.5

　　離職年月日：36.5.10

◎ 副官處處長

　　姓　　　名：王民甯（少將）

　　學　　　歷：日本士官二〇工

　　就職年月日：34.9.10

　　離職年月日：36.5.10

◎ 特務團團長

　　姓　　　名：朱瑞祥（少將）

　　學　　　歷：步校一

　　　　　　　　中訓團第五期

　　就職年月日：34.9.1

　　離職年月日：35.5.1

◎ 特務營營長

　　姓　　　名：沈雲山（少校）

　　就職年月日：35.5.1

　　離職年月日：36.5.10

◎ 通信連連長

　　姓　　　名：王根榮（上尉）

　　學　　　歷：軍校十六通

　　就職年月日：34.9.1

　　離職年月日：36.5.10

台灣全省警備司令部時期

◎ 部本部司令

 姓 名：彭孟緝（中將）

 學 歷：軍校五砲

     日本野戰砲校

 就職年月日：36.5.10

 離職年月日：38.2.1

◎ 部本部副司令

 姓 名：鈕先銘（少將）

 學 歷：日本士官二二

     法國無線電校

     中訓團黨政班

     駐印美軍戰術班

 就職年月日：36.7.1

 離職年月日：38.3.1

◎ 部本部參謀長

 姓 名：鈕先銘（少將）

 學 歷：日本士官二二

     法國無線電校

     中訓團黨政班

     駐印美軍戰術班

 就職年月日：36.5.10

 離職年月日：36.7.1

姓　　　名：盧雲光（少將）

學　　　歷：軍校七砲

　　　　　　陸大十五

就職年月日：36.7.10

離職年月日：37.1.26

姓　　　名：王潔（上校支少將待遇）

學　　　歷：軍校七砲

　　　　　　陸大特五

就職年月日：37.1.26

離職年月日：38.1.1

◎ 部本部副參謀長

姓　　　名：蘇紹文（少將）

學　　　歷：日本士官二〇砲

　　　　　　日本砲校三八高砲

就職年月日：36.5.10

離職年月日：38.3.1

◎ 辦公室主任

姓　　　名：黃俊卿（軍簡二階）

學　　　歷：上海中國公學大學部政治系

就職年月日：36.5.10

離職年月日：37.9.1

姓　　　名：尹莘（軍簡三階）

學　　　歷：湖南大學

就職年月日：37.9.1

離職年月日：38.2.1

◎ 預算室主任

姓　　　名：雷驚寰（三等正）

學　　　歷：軍需學校三學員班

就職年月日：36.7.1

離職年月日：38.3.1

◎ 參謀處處長

姓　　　名：盧雲光（少將）

學　　　歷：軍校七砲

　　　　　　陸大十五

就職年月日：36.5.10

離職年月日：36.7.1

姓　　　名：王潔（上校）

學　　　歷：軍校七砲

　　　　　　陸大特五

就職年月日：36.7.1

離職年月日：37.12.6

姓　　　名：呂省吾（少將）

學　　　歷：軍校七工

　　　　　　陸大特五

就職年月日：37.12.6

離職年月日：38.2.1

◎ 情報處處長

姓　　　名：姚虎臣（少將）

就職年月日：36.5.10

離職年月日：38.3.1

◎ 副官處處長

姓　　　名：彭啟超（上校）

學　　　歷：軍校七砲

　　　　　　陸大乙將班四

就職年月日：36.5.10

離職年月日：36.6.1

姓　　　名：項克恭（上校）

學　　　歷：軍校八砲

　　　　　　砲校一

　　　　　　軍委會駐滇幹訓團

就職年月日：36.6.1

離職年月日：38.3.1

◎ 軍法處處長

　姓　　　名：洪福增（軍簡三階）

　學　　　歷：廈門大學法律系

　就職年月日：36.5.10

　離職年月日：38.3.1

◎ 軍事法庭庭長

　姓　　　名：梁恆昌（簡任）

　學　　　歷：北平朝陽大學

◎ 新聞處處長

　姓　　　名：梁載榮（少將）

　學　　　歷：軍校三步

　　　　　　　軍四期政治科

　就職年月日：36.5.10

　離職年月日：37.3.5

　備　　　考：37.3.15 改組為政工處

◎ 政工處處長

　姓　　　名：梁載榮（少將）

　學　　　歷：軍校三步

　　　　　　　軍四期政治科

　就職年月日：37.3.15

　離職年月日：38.2.1

◎ 警備旅旅長

　　姓　　　名：任世桂（少將）

　　學　　　歷：軍校五

　　　　　　　　軍校高教班

　　　　　　　　陸大特五

　　就職年月日：36.5.10

　　離職年月日：38.2.1

台灣省警備總司令部時期

◎ 部本部兼總司令

 姓　　　名：陳誠（上將）

 學　　　歷：保定軍校八砲

 就職年月日：38.2.1

 離職年月日：38.8.31

◎ 部本部副總司令

 姓　　　名：彭孟緝（中將）

 學　　　歷：軍校五砲

 　　　　　　日本野戰砲校

 就職年月日：38.2.1

 離職年月日：38.8.31

◎ 部本部參謀長

 姓　　　名：王潔（少將）

 學　　　歷：軍校七砲

 　　　　　　陸大特五

 就職年月日：38.1.1

 離職年月日：38.4.1

姓　　　名：武泉遠（少將）

學　　　歷：東北講武堂十

　　　　　　陸大十二

就職年月日：38.4.1

離職年月日：38.8.31

◎ 部本部副參謀長

姓　　　名：李立柏（少將）

學　　　歷：日本士官二一砲

　　　　　　陸大乙將班四

就職年月日：38.1

離職年月日：38.8.31

◎ 辦公室代主任

姓　　　名：郭驥（同少將）

學　　　歷：中央政治大學畢業

就職年月日：38.2.1

離職年月日：38.8.31

◎ 預算室主任

姓　　　名：于瑩澂（少將）

就職年月日：38.2.1

離職年月日：38.8.31

◎ 第一處處長

　　姓　　　名：張一為（少將）

　　就職年月日：38.2.1

　　離職年月日：38.8.31

◎ 第二處處長

　　姓　　　名：林秀欒（少將）

　　學　　　歷：日本士官二六砲

　　　　　　　　中訓團黨政班二四

　　就職年月日：38.2.1

　　離職年月日：38.8.31

◎ 第三處處長

　　姓　　　名：張柏亭（少將）

　　學　　　歷：日本士官二三

　　　　　　　　陸大特六

　　就職年月日：38.2.1

　　離職年月日：38.8.31

◎ 第四處處長

　　姓　　　名：蘇紹文（少將）

　　學　　　歷：日本士官二〇砲

　　　　　　　　日本砲工校三八高砲

　　就職年月日：38.2.1

　　離職年月日：38.8.31

◎ 總務處處長

姓　　　名：錢壽恆（中將）

學　　　歷：軍校二

就職年月日：38.2.1

離職年月日：38.8.31

◎ 經理處處長

姓　　　名：陳鐵麟（少將）

學　　　歷：軍需學校計政班

就職年月日：38.2.1

離職年月日：38.8.31

◎ 軍法處處長

姓　　　名：徐世賢（同中將）

學　　　歷：國立北京法政大學

就職年月日：38.2.1

離職年月日：38.8.31

◎ 政工處處長

姓　　　名：童平山（少將）

學　　　歷：軍校四步

　　　　　　中訓團黨政班廿八

就職年月日：38.2.1

離職年月日：38.8.31

台灣省保安司令部時期

◎ 部本部司令

姓　　　　名：彭孟緝（中將）

學　　　　歷：軍校五

　　　　　　　日本野戰砲校

就職年月日：38.9.1

離職年月日：38.12.16

備　　　　考：因體制關係改調副司令

◎ 部本部兼司令

姓　　　　名：吳國楨（台灣省政府主席）

學　　　　歷：清華大學畢業

　　　　　　　美國普林斯頓大學政治系

就職年月日：38.12.16

離職年月日：42.4.15

姓　　　　名：俞鴻鈞（台灣省政府主席）

學　　　　歷：上海聖約翰大學畢業

就職年月日：42.4.16

離職年月日：43.6.5

姓　　　名：嚴家淦（台灣省政府主席）

學　　　歷：上海聖約翰大學畢業

中訓團黨政班

就職年月日：43.6.5

離職年月日：46.8.16

姓　　　名：周至柔（台灣省政府主席）

學　　　歷：保定軍校八步

空參校正十四

就職年月日：46.8.16

◎ 部本部副司令

姓　　　名：彭孟緝（中將）

學　　　歷：軍校五

日本野戰砲校

國防大學聯合作戰系二

就職年月日：38.12.10

離職年月日：43.8.29

備　　　考：42.2.4 國防部（42）布俊 0255 代電加

陸軍上將銜

姓　　　名：鄭冰如（中將）

學　　　歷：日本士官廿二砲

　　　　　　中訓團黨政班廿八

　　　　　　陸大甲將班三

就職年月日：38.9.1

離職年月日：42.8.29

姓　　　名：李立柏（中將）

學　　　歷：日本士官廿一砲

　　　　　　陸大乙將班四

　　　　　　革命實踐研究院十

　　　　　　軍官訓練團高級班旁聽

　　　　　　國防大學聯戰系三

　　　　　　陸軍參校高級補習班二

就職年月日：42.7.16

備　　　考：44.1.1 奉令晉升中將

姓　　　名：王潔（少將）

學　　　歷：軍校七砲

　　　　　　陸大特五

　　　　　　軍官訓練團六

　　　　　　動幹班五

　　　　　　國防大學聯合作戰系二

　　　　　　國防部兩棲作戰計劃研究班旁聽

就職年月日：38.9.1

離職年月日：46.7.1

姓　　　名：王超凡（少將）

學　　　歷：軍校四步

　　　　　　盧山軍訓團三

　　　　　　中訓團黨政班一

　　　　　　中訓團高教班一

　　　　　　革命實踐研究院十四

　　　　　　陸軍參校將官班六

　　　　　　國防部動幹班旁聽

就職年月日：46.3.1

◎ 部本部參謀長

姓　　　名：李立柏（少將）

學　　　歷：日本士官廿一砲

　　　　　　陸大乙將班四

　　　　　　革命實踐研究院十

　　　　　　軍官訓練團高級班旁聽

　　　　　　國防大學聯戰系三

　　　　　　陸軍參校高級補習班二

就職年月日：38.9.1

離職年月日：42.7.16

姓　　　名：林秀欒（少將）

學　　　歷：日本士官廿六砲

　　　　　　石牌訓練班十四

　　　　　　中訓團黨政班廿四

　　　　　　革命實踐研究院九

　　　　　　參校將官班一

　　　　　　軍官訓練團高級班旁聽

　　　　　　國防大學戰聯系

　　　　　　動幹班旁聽

就職年月日：42.7.16

離職年月日：46.2.1

姓　　　名：陳來甲（上校）

學　　　歷：軍校十二步

　　　　　　陸大十九

　　　　　　革命實踐研究院十五

　　　　　　國防大學聯戰系三

　　　　　　國防部動幹班五旁聽

就職年月日：46.2.1

◎ 部本部副參謀長

姓　　　名：盧雲光（少將）

學　　　歷：軍校七砲

　　　　　　陸大十五

就職年月日：38.9.1

離職年月日：42.9.15

姓　　　名：張柏亭（少將）

學　　　歷：日本士官廿三

　　　　　　陸大特六

就職年月日：38.9.1

離職年月日：39.4.11

姓　　　名：彭啟超（少將）

學　　　歷：軍校七砲

　　　　　　陸大乙將班四

就職年月日：39.4.11

離職年月日：42.10.16

姓　　　名：陳來甲（上校）

學　　　歷：軍校十二步

　　　　　　陸大十九

　　　　　　革命實踐研究院十五

　　　　　　國防大學聯戰系三

　　　　　　國防部動幹班五旁聽

就職年月日：44.3.16

離職年月日：46.2.1

姓　　　名：陳訓明（上校）

學　　　歷：軍校十砲

　　　　　　陸軍參校正三

　　　　　　軍官訓練團一

　　　　　　動幹班五

就職年月日：43.2.1

離職年月日：45.4.1

姓　　　名：李錫煜（上校）

學　　　歷：軍校十二步

就職年月日：44.4.16

離職年月日：44.8.1

姓　　　名：門肅（上校）

學　　　歷：軍校十三砲

　　　　　　軍官訓練團高級班三

　　　　　　步校高十五

　　　　　　陸軍參校正六期

就職年月日：44.11.1

姓　　　名：楊修滿（上校）

學　　　歷：軍校十六期正科

　　　　　　國防部情校三

　　　　　　軍官訓練團六

　　　　　　石牌訓練班十三

　　　　　　劍潭高級班二

就職年月日：46.1.1

姓　　　名：唐湯銘（上校）

學　　　歷：軍校七工

　　　　　　革命實踐研究院

　　　　　　軍官訓練團八

　　　　　　國防部動幹班五

　　　　　　陸軍參校正七期

就職年月日：46.2.1

◎ 政工處處長

姓　　　名：童平山（少將）

學　　　歷：軍校四步

　　　　　　中訓團黨政班廿八

就職年月日：38.9.1

離職年月日：39.6.16

◎ 政治部主任

姓　　　名：林錫鈞（少將）

學　　　歷：軍校五工

就職年月日：39.5.1

離職年月日：40.3.11

備　　　考：政工改制改稱

姓　　　名：王超凡（少將）

學　　　歷：軍校四步

　　　　　　中訓團黨政班一

　　　　　　中訓團高級班一

　　　　　　盧山軍訓團三

　　　　　　革命實踐研究院十四

　　　　　　陸軍參校將官班六

　　　　　　國防部動幹班旁聽

就職年月日：40.3.16

離職年月日：46.3.1

備　　　考：46.3.1調副司令職兼政治部主任

◎ 辦公室主任

姓　　　名：張光智（少將）

學　　　歷：軍校七砲

　　　　　　陸大乙將班三

就職年月日：38.9.1

離職年月日：39.4.11

姓　　　名：尹莘（同上校）

學　　　歷：湖南大學

就職年月日：39.4.11

◎ 人事室主任

姓　　　名：劉義和（上校）

學　　　歷：軍校軍訓班十步

陸軍參校正五

就職年月日：46.1.1

◎ 保安處處長

姓　　　名：林秀巒（少將）

學　　　歷：日本士官廿六砲

中訓團黨政班廿四

革命實踐研究院九

軍官訓練團高級班二旁聽

石牌訓練班十四

陸軍參校將官班一

就職年月日：38.9.1

離職年月日：42.7.16

姓　　　名：李葆初（上校）

學　　　歷：警校特一

　　　　　　軍校高教班十一

　　　　　　軍令部特參班

　　　　　　革命實踐研究院十一

就職年月日：42.10.1

離職年月日：42.12.16

姓　　　名：張成仁（上校）

學　　　歷：軍校十三砲

　　　　　　陸大廿一

　　　　　　軍官訓練團三

　　　　　　情校情報高級班四

就職年月日：43.2.1

離職年月日：44.7.1

姓　　　名：何龍庭（上校）

學　　　歷：軍校十三步

　　　　　　陸大廿

　　　　　　石牌高級進修班一

　　　　　　軍訓團高級班三

　　　　　　參校高級補習班一

就職年月日：44.7.1

離職年月日：46.1.1

姓　　　名：劉醒吾（少將）

學　　　歷：上海三極無線電專校

　　　　　　浙江杭州警校四

　　　　　　革命實踐研究院十一

　　　　　　中訓團黨政班廿三

　　　　　　石牌研究班二

就職年月日：46.1.1

◎ 參謀處處長

姓　　　名：張成仁（上校）

學　　　歷：軍校十三砲

　　　　　　陸大廿一

　　　　　　軍官訓練團三

就職年月日：41.7.1

離職年月日：41.12.1

姓　　　名：陳來甲（上校）

學　　　歷：軍校十二步

　　　　　　陸大十九

　　　　　　革命實踐研究院十五

就職年月日：41.12.1

離職年月日：42.8.1

備　　　考：41.7 成立，42.8 單位裁撤

姓　　　名：何龍庭（上校）

學　　　歷：軍校十三步

陸大廿

石牌高級進修班一

軍訓團高級班三

參校高級補習班一

就職年月日：46.1.1

離職年月日：46.3.1

姓　　　名：張式琦（上校）

學　　　歷：軍校十三砲

陸大廿三

美軍駐印緬軍官戰術學校

陸軍參校正七期

就職年月日：46.3.1

◎ 督導組組長

姓　　　名：鄭紹遠（同上校）

學　　　歷：福建公立法政專校

警校特一

石牌高級進修班一

就職年月日：41.9.1

離職年月日：43.8.8

備　　　考：改編為偵防處

◎ 偵防處處長

姓　　　名：鄭紹遠（同上校）

學　　　歷：福建公立法政專校

　　　　　　警校特一

　　　　　　石牌高級進修班一

就職年月日：43.8.8

離職年月日：45.8.1

姓　　　名：林錚（上校）

學　　　歷：福建法政專校

　　　　　　中訓團黨政班廿九

　　　　　　石牌研究班四

就職年月日：45.8.1

離職年月日：46.1.1

備　　　考：46.1.1 單位裁撤

◎ 郵電檢查所所長

姓　　　名：劉兆祥（同上校）

學　　　歷：中國公學大學部政經系一

　　　　　　日本警官學校二政

　　　　　　革命實踐研究院廿二

　　　　　　石牌訓練研究班五

就職年月日：41.3.1

離職年月日：43.7.1

備　　　考：原屬保安處，後（42.8）改由本部直屬，

　　　　　　改編為特檢處

◎ 特檢處處長

    姓　　　名：劉兆祥（同上校）

    學　　　歷：中國公學大學部政經系一

               日本警官學校二政

               革命實踐研究院廿二

               石牌訓練研究班五

    就職年月日：43.7.1

◎ 電信監察所所長

    姓　　　名：劉醒吾（簡三）

    學　　　歷：上海三極無線電專校

               浙江杭州警校四

               革命實踐研究院十一

               中訓團黨政班廿三

               石牌研究班二

    就職年月日：38.9.1

    離職年月日：43.7.1

◎ 電信監察處處長

姓　　　名：劉醒吾（同少將）

學　　　歷：上海三極無線電專校

浙江杭州警校四

革命實踐研究院十一

中訓團黨政班廿三

石牌研究班二

就職年月日：43.7.1

離職年月日：46.1.1

備　　　考：39.5.1 晉升同少將

姓　　　名：王惠民（同上校）

學　　　歷：上海民立高級中學

中央航校防訓班一

石牌訓練班一

石牌訓練班高級幹部進修班三

就職年月日：46.1.1

◎ 督察處處長

姓　　　名：陳仙洲（少將）

學　　　歷：西北幹訓班一

中訓團二

就職年月日：38.9.1

離職年月日：42.6.16

姓　　　名：王耀先（上校）

學　　　歷：軍校軍訓班一

革命實踐研究院十四

石牌訓練班十二

就職年月日：42.6.16

離職年月日：45.8.16

姓　　　名：劉華冕（上校）

學　　　歷：西北幹部學校一

軍校高教班八

石牌訓練班十一

石牌訓練班高級幹部進修班一

就職年月日：45.8.16

◎ 軍法處處長

姓　　　名：（簡二）

就職年月日：38.9.1

離職年月日：40.8.1

姓　　　名：邵彬如（同上校）

學　　　歷：上海復旦大學法學院

革命實踐研究院十九

就職年月日：40.10.1

離職年月日：44.5.11

姓　　　名：李元簇（同上校）

學　　　歷：中央政治學校大學部法政系

國立政治大學高等科司法官組

三五年高考司法官考試及格

就職年月日：44.5.1

備　　　考：44.1.1 晉升同上校

◎ 總務處處長

姓　　　名：項克恭（少將）

學　　　歷：軍校八砲

陸軍砲校一

軍委會駐滇幹訓團

軍官訓練團高一

就職年月日：38.9.1

離職年月日：39.5.6

備　　　考：41.3.10 晉升少將

姓　　　名：袁祖恢（上校）

學　　　歷：軍校七砲

砲校三

就職年月日：39.5.6

離職年月日：42.1.1

姓　　　名：儲雲程（上校）

學　　　歷：安徽建設廳會計班

　　　　　　陸軍交輜學校一

就職年月日：42.1.1

◎ 連絡組連絡官

姓　　　名：黃尚仁（同少校）

學　　　歷：國立中正大學法學院

就職年月日：41.1.1

離職年月日：42.6.1

姓　　　名：侯覺非（中校）

學　　　歷：軍校十八步

　　　　　　國防部情報班

　　　　　　國防部官外語班

就職年月日：42.6.1

離職年月日：44.4.16

姓　　　名：劉可宗（中校）

學　　　歷：軍校十三步

　　　　　　軍官訓練團十

就職年月日：44.6.1

離職年月日：46.6.16

姓　　　名：宗之明（中校）

學　　　歷：軍校十七期砲

　　　　　　軍官外語學校英文班五

　　　　　　砲校高七

就職年月日：46.7.16

附表七　台灣省保安司令部官員分階年齡統計表

總平均年齡 35.59

分階 ＼ 區分	18 歲	19 歲	20 歲	21 歲	22 歲	23 歲
中將						
少將						
上校						
中校						
少校						
上尉						
中尉						1
少尉			2	1	6	2
准尉	1	1	4	4	3	5
小計	1	1	6	5	9	8

分階 ＼ 區分	24 歲	25 歲	26 歲	27 歲	28 歲	29 歲
中將						
少將						
上校						
中校						
少校					3	
上尉		1	3	13	48	50
中尉	1	3	9	36	45	55
少尉	4	7	9	22	26	35
准尉	7	12	11	17	30	46
小計	12	23	32	88	152	186

區分 / 分階	30 歲	31 歲	32 歲	33 歲	34 歲	35 歲
中將						
少將						
上校				1	1	2
中校			1	2	9	22
少校	6	14	28	35	56	72
上尉	65	104	188	115	160	133
中尉	54	92	96	88	87	93
少尉	41	44	45	48	76	48
准尉	51	48	60	60	65	72
小計	217	302	418	349	454	442

區分 / 分階	36 歲	37 歲	38 歲	39 歲	40 歲	41 歲
中將						
少將						
上校	3	5	12	14	21	10
中校	33	46	50	55	49	42
少校	86	92	80	82	48	54
上尉	138	107	138	147	125	67
中尉	116	141	74	44	31	27
少尉	52	46	28	16	12	6
准尉	64	52	23	26	16	7
小計	492	489	405	384	302	213

分階 \ 區分	42 歲	43 歲	44 歲	45 歲	46 歲	47 歲
中將						
少將			1	2	1	
上校	24	21	6	22	8	9
中校	34	45	28	37	10	8
少校	60	43	33	24	6	8
上尉	51	51	43	30	7	5
中尉	17	13	11	12	7	3
少尉	10	11	6	12		2
准尉	2	4	2	4	4	2
小計	198	188	130	143	43	37

分階 \ 區分	48 歲	49 歲	50 歲	51 歲	52 歲	53 歲
中將						1
少將	2		2			1
上校	9	7	5	7	1	
中校	2	5	5	4	1	2
少校	7	2	1		1	
上尉	8	1	2	2	1	1
中尉	2	1	1		2	1
少尉	1	1			1	1
准尉		1				
小計	31	18	16	13	7	7

分階＼區分	54 歲	55 歲	56 歲	57 歲	58 歲	59 歲
中將						
少將	1					
上校	1			1		
中校		2				
少校	1					
上尉	1				1	
中尉	1					3
少尉		1				
准尉			1			
小計	5	3	1	1	1	3

分階＼區分	60 歲	61 歲	62 歲	63 歲	64 歲	65 歲
中將						
少將						
上校						
中校						
少校						
上尉			1			
中尉					1	
少尉	2					
准尉						
小計	2	0	1	0	1	0

區分 分階	66 歲	67 歲	68 歲	合計	分階平均年齡
中將				1	53.00
少將				10	48.30
上校				190	42.80
中校				492	40.50
少校				842	37.80
上尉		1		1,808	35.90
中尉				1,168	33.03
少尉				624	33.20
准尉				705	32.90
小計	0	1	0	5,840	

附記

一、 本部官員除成立時係由前台灣省警備總司令部撥編外,嗣因任務逐年奉命增加,而附屬單位亦隨之增多,但本部非充員單位,故官員來源缺乏,因此除少數人員係向友軍單位調用及報請新進外,餘多係各軍官戰鬥團撥編人員中調充。

二、 本部係省款補給單位,國防部規定自四十二年起,本部假退除役官員,須佔本部預算員額支給待遇,本部為避免退除役人員佔用預算員額太多,影響任務之遂行,故歷年辦理假退除役時,儘量予以留延。

三、 基於以上兩項原因,故本部官員平均年齡較陸軍部隊為高,現正謀求改善中,使收新陳代謝之效。

附表八　台灣省保安司令部官員籍貫統計表

省別	人數	省別	人數	省別	人數
江蘇	367	陝西	72	黑龍江	0
浙江	279	甘肅	22	興安	2
安徽	391	青海	0	熱河	4
江西	286	上海市	9	察哈爾	7
湖北	389	重慶市	7	西藏	0
湖南	529	合江	4	蒙古	0
四川	409	綏遠	3	海南	26
福建	345	寧夏	0	南京市	15
台灣	78	新疆	3	青島市	14
廣東	437	西康	4	西安市	0
廣西	149	遼寧	42	廣州市	3
雲南	245	安東	5	漢口市	1
貴州	77	遼北	4	北平市	15
河北	297	吉林	7	天津市	16
山東	464	松江	5	大連市	3
河南	748	哈爾濱	5	瀋陽市	1
山西	49	嫩江	0	合計	5,840

附表九 台灣省保安司令部士兵分階年齡統計表

總平均年齡 35.2

分階＼區分		18 歲	19 歲	20 歲	21 歲	22 歲	23 歲
士官長	一等						
士官長	二等						
士官長	三等						
士官	上士		2				2
士官	中士						2
士官	下士					1	1
兵卒	上等兵				2	5	8
兵卒	一等兵				1	1	3
兵卒	二等兵						1
小計		0	2	0	3	7	17

分階＼區分		24 歲	25 歲	26 歲	27 歲	28 歲	29 歲
士官長	一等						
士官長	二等						
士官長	三等			4	1	1	4
士官	上士	6	9	17	25	27	31
士官	中士	7	3	10	22	15	14
士官	下士	6	13	11	24	20	30
兵卒	上等兵	24	12	28	39	36	62
兵卒	一等兵	8	4	8	8	12	16
兵卒	二等兵	1			1	2	3
小計		52	41	78	120	113	160

分階 ＼ 區分		30 歲	31 歲	32 歲	33 歲	34 歲	35 歲
士官長	一等						
	二等						
	三等	1	5	5		4	2
士官	上士	28	36	44	47	30	38
	中士	17	19	28	20	22	22
	下士	37	26	32	31	26	23
兵卒	上等兵	59	65	81	75	69	76
	一等兵	15	17	13	9	13	19
	二等兵	1	2	4	4	2	1
小計		158	170	207	186	166	181

分階 ＼ 區分		36 歲	37 歲	38 歲	39 歲	40 歲	41 歲
士官長	一等						
	二等						
	三等	3				2	1
士官	上士	32	29	16	17	13	11
	中士	17	16	14	11	6	11
	下士	20	14	17	14	6	8
兵卒	上等兵	58	54	45	52	51	46
	一等兵	11	13	3	10	5	2
	二等兵		1	2	1	2	
小計		141	127	97	105	85	79

分階	區分	42 歲	43 歲	44 歲	45 歲	46 歲	47 歲
士官長	一等						
	二等						
	三等		1	1	1		
士官	上士	16	15	11	16	6	4
	中士	6	7	5	11	5	3
	下士	5	6	13	10	4	2
兵卒	上等兵	28	41	44	63	18	8
	一等兵	6	3	2	7	2	
	二等兵	1					
小計		62	73	76	108	35	17

分階	區分	48 歲	49 歲	50 歲	51 歲	52 歲	53 歲
士官長	一等						
	二等						
	三等						
士官	上士	5	2	4		1	1
	中士	3	1		1		1
	下士	1	2	1		3	1
兵卒	上等兵	7	11	3	3	1	1
	一等兵						
	二等兵						
小計		16	16	8	4	5	4

分階 \ 區分		54歲	55歲	56歲	57歲	58歲	59歲
士官長	一等						
	二等						
	三等						
士官	上士	1					1
	中士		1	1			1
	下士						
兵卒	上等兵		1			1	1
	一等兵		1				1
	二等兵						
小計		1	3	1	0	1	4

分階	區分	60 歲	61 歲	62 歲	63 歲	71 歲	合計	分階平均年齡
士官長	一等							
	二等							
	三等						36	33.00
士官	上士					1	544	36.40
	中士						322	34.45
	下士	1			1		410	33.50
兵卒	上等兵				1		1,179	35.80
	一等兵						213	33.20
	二等兵						29	32.60
小計		1	0	0	2	1	2,733	

附記

一、本部非國防部充員計劃單位，兵員來源至感缺乏，前由台灣省警備總司令部撥編士兵，現已十餘年之久，嗣因附屬單位增加，及陸續損耗者，均係向陸軍單位洽撥老弱機障人員，故平均年齡較一般部隊為高。

二、本部老弱機障士兵，除確實不堪工作者，奉准由國防部處理外，其稍堪服輕勤者，仍須留用，但截至目前為止，本部警衛部隊及特種技術士兵尚缺員甚多，無法補充，對任務之執行，頗有影響。

附表十　台灣省保安司令部士兵籍貫統計表

省別	人數	省別	人數	省別	人數
江蘇	212	陝西	20	黑龍江	0
浙江	184	甘肅	4	興安	0
安徽	129	青海	0	熱河	3
江西	136	上海市	15	察哈爾	1
湖北	118	重慶市	6	西藏	0
湖南	147	合江	0	蒙古	0
四川	153	綏遠	1	海南	17
福建	587	寧夏	0	南京市	11
台灣	103	新疆	0	青島市	21
廣東	310	西康	0	西安市	1
廣西	48	遼寧	12	廣州市	6
雲南	25	安東	2	漢口市	3
貴州	41	遼北	0	北平市	6
河北	54	吉林	4	天津市	4
山東	201	松江	0	大連市	0
河南	142	哈爾濱	0	瀋陽市	0
山西	6	嫩江	0	總計	2,733

附表十一　台灣省保安司令部情報成果統計表

〔本表合計、總計多處不相符，依原表呈現〕

數量＼年度＼區分	38 年	39 年	40 年	41 年	42 年
偵防	260	10,123	10,653	14,110	21,690
政情	156	2,087	2,152	4,626	4,789
軍情	63	3,266	2,455	3,024	4,503
經濟	214	595	464	3,214	9,956
僑情	21	1,044	604	2,237	1,412
社情	147	6,070	6,590	6,882	9,606
不法	215	2,629	2,742	5,230	6,613
匪情	438	724	270	1,740	8,469
其他	841	2,013	1,102	2,585	2,398
合計	2,355	28,511	28,032	43,648	69,436

數量＼年度　　區分	43年上半年	43年度	44年度	45年度	46年度7、8月份	總計
偵防	3,949	17,948	16,306	5,581	1,623	105,603
政情	1,232	4,510	3,745	1,243	417	30,198
軍情	384	5,083	4,812	1,508	662	26,575
經濟	1,289	2,028	2,169	868	177	21,320
僑情	240	1,669	1,392	665	206	9,770
社情	230	8,360	12,085	5,208	1,939	56,944
不法	1,146	4,321	4,748	1,801	555	30,902
匪情	716	2,007	822	202	61	15,734
其他	536	1,069	1,027	994	68	13,047
合計	9,767	46,895	47,133	18,070	5,809	310,094

附記
一、表內數字包括本部諜報組、保安大隊、山地治安
　　指揮所、各聯檢機構、遊查組、特檢處及台灣省
　　警務處所蒐集之總數。
二、表列情報資料百分之九十八有價值可供運用。
三、蒐集之情報資料，經整理後分別作如下處理：
　　1.查辦。
　　2.彙編專報。
　　3.彙編社情週報。
　　4.彙編僑情週報。
　　5.彙編每日情報。
　　6.彙編檢情週報。
　　7.通報有關單位。

附表十二　台灣省保安司令部肅奸成果統計表

〔本表合計、總計多處不相符，依原表呈現〕

數量 區分 年度	38 年		39 年		40 年	
	案	犯	案	犯	案	犯
匪黨務組織	10	70	29	203	75	501
匪武裝組織	1	2	4	78	1	2
匪文教組織			13	30	2	28
匪經濟組織			3	89	3	8
匪間諜組織	2	20	56	398	42	142
蘇俄國際間諜組織			1	16		
附匪黨派			15	86	1	3
叛亂通匪投匪	2	4	22	85	19	45
匪外圍組織	21	79				
緝獲逃匪					17	38
匪俘					5	9
其他匪嫌	33	175	301	687	225	404
合計	89	417	444	1,672	390	1,180

數量 \ 年度 區分	41 年 案	41 年 犯	42 年 案	42 年 犯	43 年上半年 案	43 年上半年 犯
匪黨務組織	79	421	26	197	9	47
匪武裝組織	10	68	3	36	1	7
匪文教組織	2	47				
匪經濟組織						
匪間諜組織	14	36	9	24	2	3
蘇俄國際間諜組織						
附匪黨派	10	43	10	49		
叛亂通匪投匪	15	25	10	89	18	51
匪外圍組織			7	89		
緝獲逃匪			6	15		
匪俘	2	2	2	18		
其他匪嫌	288	641	221	449	70	111
合計	420	1,283	294	892	103	222

數量　　　年度	43 年度		44 年度		45 年度	
區分	案	犯	案	犯	案	犯
匪黨務組織	15	91	1	1		
匪武裝組織						
匪文教組織						
匪經濟組織						
匪間諜組織	1	3	8	3	3	3
蘇俄國際間諜組織						
附匪黨派						
叛亂通匪投匪	60	257	46	84	31	35
匪外圍組織	1	1	1	1		
緝獲逃匪	6	6	8	8	1	1
匪俘			3	6	1	17
其他匪嫌	151	273	104	162	82	139
合計	234	635	166	270	118	195

數量＼年度	46年度7、8月份		總計	
區分	案	犯	案	犯
匪黨務組織			244	1,531
匪武裝組織			20	193
匪文教組織			17	105
匪經濟組織			6	97
匪間諜組織	3		135	640
蘇俄國際間諜組織			1	16
附匪黨派			36	181
叛亂通匪投匪	3	3	226	678
匪外圍組織			30	170
緝獲逃匪			38	68
匪俘			13	52
其他匪嫌	14	23	1,489	3,064
合計	20	29	2,278	6,795

附記

一、 本表數字係依辦理案件而統計者。

二、 表內數字本部破案者一○○八案，人犯三二七七人；指導台灣省警務處破案者七五六案，人犯二一六四人；其他單位破案者五一四案，人犯一三五四人。

三、 表內區分如「匪黨」、「匪武裝」係依身份而區分，又匪俘係釋俘獲嫌疑而偵辦者。

附表十三　台灣省保安司令部破獲貪污不法案件成果
　　　　　　統計表

身份

數量＼年度 區分		42 年	43 年 上半年	43 年度
公教人員	中央	8	2	21
	省級	66	23	34
	縣級	132	34	138
	鄉鎮	73	29	82
	警察	152	50	138
民意代表		8	6	8
社團份子		35	12	4
黨工人員		9	2	4
民眾		87	37	191
小計		570	195	620

數量＼年度 區分		44 年度	45 年度	46 年 7、8 月份	總計
公教人員	中央	10	2	1	44
	省級	21	14	9	167
	縣級	212	54	22	592
	鄉鎮	117	48	23	372
	警察	183	35	16	574
民意代表		22	13	8	65
社團份子		14	8	4	77
黨工人員		11	11	5	42
民眾		301	76	38	730
小計		891	261	126	2,663

案別

數量　　年度 區分	42 年	43 年 上半年	43 年度
舞弊	179	60	81
賄賂	11	5	12
剋扣	9	6	19
勒索	37	9	59
侵佔	28	10	56
盜賣	34	9	26
瀆職	82	21	57
其他	190	75	310
小計	570	195	620

數量　　年度 區分	44 年度	45 年度	46 年度 7、8 月份	總計
舞弊	136	52	22	530
賄賂	21	10	7	66
剋扣	27	9	2	72
勒索	72	15	6	198
侵佔	60	10	12	176
盜賣	58	17	7	151
瀆職	93	39	24	316
其他	424	109	46	1,154
小計	891	261	126	2,663

附記：本部對於貪污不法案件查有事證者，均交由警
　　　察機關偵查後移送法院辦理，如缺乏事證者，
　　　則交由各主管單位自行查辦，故對於懲治貪污
　　　頗收成效。

附表十四　台灣省保安司令部取締流氓成果統計表

年度＼人次	送本部管訓	送各地方法院辦理	違警處分	合計
38 年	467		455	922
39 年	184	207	227	618
40 年	92	3	78	173
41 年	553	229	19	801
42 年	174	84	61	319
43 年上半年	54	135	54	243
43 年度	77	321	173	571
44 年度	198	340	327	865
45 年度	127	374	317	818
46 年度 7、8 月份	7	92	49	148
總計	1,933	1,785	1,760	5,478

附記：由於本部對流氓之認真取締並予嚴格管制，對治安之維護裨益頗大。

附表十五　台灣省保安司令部查緝成果統計表

〔本表合計欄位多處不相符，依原表呈現〕

走私部份

人次　　　區分 年度	案件（件）	人犯（名）	價值（元）
38 年	165	137	2,200,000
39 年	558	903	5,974,000
40 年	649	965	9,883,377
41 年	471	703	6,390,000
42 年	691	940	5,260,000
43 年上半年	329	430	2,040,000
43 年度	766	815	4,410,967
44 年度	838	922	4,397,178
45 年度	1,140	1,174	7,299,929
46 年度 7、8 月份	180	184	2,677,741
總計	5,787	7,173	50,533,192

私菸酒部份

人次　　　區分 年度	案件（件）	人犯（名）	價值（元）
38 年			
39 年	374	374	936,000
40 年	2,027	2,679	4,526,623
41 年	9,071	9,331	6,410,000
42 年	10,435	10,206	4,550,000
43 年上半年	2,444	2,435	1,550,000
43 年度	5,165	5,138	1,790,700
44 年度	3,368	3,373	1,900,941
45 年度	3,735	3,885	2,647,897
46 年度 7、8 月份	757	744	534,956
總計	37,376	38,165	24,847,117

違犯金融部份

年度 ＼ 人次 ＼ 區分	案件（件）	人犯（名）	價值（元）
38 年			
39 年			
40 年	141	216	3,578,341
41 年	69	143	316,326
42 年	150	192	911,945
43 年上半年	76	88	894,727
43 年度	602	638	7,642,397
44 年度	297	351	1,359,468
45 年度	308	337	5,472,056
46 年度 7、8 月份	67	70	407,394
總計	1,710	2,035	20,582,654

漏税部份

年度＼區分（人次）	案件（件）	人犯（名）	價值（元）
38 年			
39 年			
40 年			
41 年	644	693	2,052,000
42 年	5,231	5,342	31,111,517
43 年上半年	3,251	3,396	23,573,948
43 年度	5,947	6,504	31,598,564
44 年度	4,944	4,998	56,238,749
45 年度	5,641	5,667	297,374,011
46 年度 7、8 月份	1,177	1,170	32,545,642
總計	26,835	27,770	474,494,431

毒品部份

年度 \ 人次 \ 區分	案件（件）	人犯（名）	價值（元）
38 年	19	62	1,812,100
39 年	180	397	4,297,900
40 年	112	266	1,488,700
41 年	98	201	1,539,000
42 年	231	464	195,600
43 年上半年	281	488	89,650
43 年度	962	1,368	2,452,690
44 年度	509	688	12,982,969
45 年度	573	703	379,541
46 年度 7、8 月份	23	36	25,504
總計	2,988	4,673	25,263,654

合計

年度 人次／區分	案件（件）	人犯（名）	價值（元）
38 年	184	199	4,012,100
39 年	1,112	1,674	11,207,900
40 年	2,929	4,126	19,477,041
41 年	10,353	11,071	16,707,326
42 年	16,738	17,144	42,029,062
43 年上半年	6,381	6,837	28,148,325
43 年度	13,442	14,463	47,895,318
44 年度	9,956	10,332	76,879,305
45 年度	11,397	11,766	313,173,434
46 年度 7、8 月份	2,623	2,594	37,394,249
總計	75,115	80,206	596,924,060

附記

一、 協助緝私對海關稅收增加裨益甚多，卅八年八月
海關收額為新台幣二百六十一萬餘元，至四十五
年度之平均月收稅額（七、一一八、三七四、一
○○）與未擔任查緝時之平均月收稅額比較，增
加達廿六倍之多。

二、 查緝私菸酒對增加公賣收益有直接效果，本部未
擔任查緝前，卅八年八月公賣收益為新台幣六百
壹拾叁萬元，自卅九年起，各年公賣收益平均月
收額皆有一千五百萬元以上之增加，至四十五年
度已較卅八年平均月收額增加廿三倍。

附表十六　台灣省保安司令部查獲人員偷渡統計表

港口	區分	偷渡原因	44年	45年	46年
基隆港	出境	逃避兵役	9		
		精神失常	1		
		不滿現狀		2	2
		意志動搖	2		
		內心痛苦	1	3	3
		小計	13	5	5
	入境	潛逃來台			1
		潛行返台			1
		自稱投奔自由	1	1	1
		來台謀生	1	1	
		小計	2	2	3
高雄港	出境	逃避兵役	2		
		精神失常		2	1
		不滿現狀			1
		內心痛苦	1	1	1
		意志動搖	2	1	
		走私	2	5	4
		小計	7	9	7
合計			22	16	15

處理情形	44 年	45 年	46 年
移台北地方法院	1		1
移陸軍總部	1	3	2
移海軍總部	1	1	
移空軍總部		2	
移台南師管區		1	
遣返日本	1	1	
管訓 （三月至二年）	14	5	6
保釋	4	3	2
在偵訊中			4
合計	22	16	15

附表十七 台灣省保安司令部查獲漁船偷渡統計表

44 年

港　　口：高雄港
船　　名：東勝耀一號
偷渡原因：走私白銀
查獲地點：布袋港
人　　犯：10
處理情形：移台北地方法院

港　　口：高雄港
船　　名：新南勝
偷渡原因：載貨赴港購買糖精
查獲地點：望安海面
人　　犯：5
處理情形：移台北地方法院

港　　口：高雄港
船　　名：新良興
偷渡原因：載運私貨赴港圖利
查獲地點：東石海面
人　　犯：9
處理情形：移台北地方法院

港　　口：南方澳

船　　名：裕安號

偷渡原因：走私白銀

查獲地點：頂茄萣海面

人　　犯：7

處理情形：移台北地方法院

港　　口：南方澳

船　　名：航順號

偷渡原因：赴港走私販毒

查獲地點：高雄縣屬海面

人　　犯：7

處理情形：移台北地方法院

港　　口：安平港

船　　名：聚發號

偷渡原因：走私白銀

查獲地點：安平港外

人　　犯：11

處理情形：移台南關

45 年

港　　口：和平島

船　　名：嘉正號

偷渡原因：走私販毒

查獲地點：將軍澳海面

人　　犯：13

處理情形：移台北地方法院

港　　口：南方澳

船　　名：金勝十六號

偷渡原因：赴港載運化裝品

查獲地點：金瓜石海面

人　　犯：4

處理情形：移台北地方法院

46 年

港　　口：高雄港

船　　名：第一復春號

偷渡原因：赴港載運私貨

查獲地點：高雄內港

人　　犯：10

處理情形：移高雄地方法院

附表十八　台灣省保安司令部查驗進入山地人數統計表

〔本表合計、總計多處不相符，依原表呈現〕

入山人數　年度 所別	40 年		41 年	
	合法	非法	合法	非法
宜蘭山地治安指揮所	11,443		55,319	
台北山地治安指揮所	5,321		19,024	
桃園山地治安指揮所	10,210		13,149	
新竹山地治安指揮所	27,513		26,298	
苗栗山地治安指揮所	15,511		13,149	
台中山地治安指揮所	23,002		22,508	
南投山地治安指揮所	34,969		67,524	
嘉義山地治安指揮所	6,956		11,865	
高雄山地治安指揮所	2,114		4,290	
屏東山地治安指揮所	10,968		29,194	
台東山地治安指揮所	2,419		7,748	
花蓮山地治安指揮所	17,587		26,431	
總計	168,013		296,499	

入山人數 年度所別	42 年		43 年	
	合法	非法	合法	非法
宜蘭山地治安指揮所	17,759	216	37,664	189
台北山地治安指揮所	19,920	35	52,241	73
桃園山地治安指揮所	7,856	64	15,269	108
新竹山地治安指揮所	20,738	10	33,596	6
苗栗山地治安指揮所	11,411	96	33,303	203
台中山地治安指揮所	44,243	56	48,452	352
南投山地治安指揮所	32,694	356	59,697	323
嘉義山地治安指揮所	6,865	54	19,388	26
高雄山地治安指揮所	3,124	4	5,408	32
屏東山地治安指揮所	30,104	248	80,501	440
台東山地治安指揮所	6,664	38	21,398	56
花蓮山地治安指揮所	14,835	164	39,901	294
總計	196,213	1,341	446,008	2,102

入山人數 年度 所別	44 年		45 年	
	合法	非法	合法	非法
宜蘭山地治安指揮所	31,952	262	30,884	317
台北山地治安指揮所	55,817	65	67,354	10
桃園山地治安指揮所	26,061	157	38,349	146
新竹山地治安指揮所	49,659	189	60,836	263
苗栗山地治安指揮所	25,671	194	87,461	215
台中山地治安指揮所	60,272	294	95,495	198
南投山地治安指揮所	78,388	228	100,599	259
嘉義山地治安指揮所	23,523	80	53,958	149
高雄山地治安指揮所	6,157	9	7,659	24
屏東山地治安指揮所	73,388	547	83,002	533
台東山地治安指揮所	45,548	282	45,961	172
花蓮山地治安指揮所	109,189	351	210,364	471
總計	585,571	2,658	882,222	2,757

入山人數 \ 年度	46年1至8月		合計	
所別	合法	非法	合法	非法
宜蘭山地治安指揮所	38,671	256	223,692	1,240
台北山地治安指揮所	52,306		271,982	133
桃園山地治安指揮所	25,286	105	136,180	580
新竹山地治安指揮所	36,061	202	254,701	1,200
苗栗山地治安指揮所	38,264	178	224,716	881
台中山地治安指揮所	76,099	101	350,071	1,001
南投山地治安指揮所	74,272	277	448,143	1,443
嘉義山地治安指揮所	17,370	81	139,925	390
高雄山地治安指揮所	3,966	13	33,018	82
屏東山地治安指揮所	79,182	788	386,339	10,968
台東山地治安指揮所	36,331	205	165,869	753
花蓮山地治安指揮所	229,570	420	247,067	1,700
總計	702,826	2,611	2,882,144	12,005

附記

一、非法入山包含：

　1. 入山單逾期。

　2. 未遵照規定路線。

　3. 無證入山。

二、非法入山人數比例以入山單逾期最多，未遵入山路線次之，無證入山最少數。

三、對入山人員之管制及對非法入山人員之取締後，奸宄宵小乃無法潛跡，山地治安因之安謐。

附表十九　台灣省保安司令部電信監察成果統計表

電信防諜偵測

數量＼年度　　區分	38 年	39 年	40 年	41 年	42 年	43 年上半年
破獲匪俄諜台（座）		1				
破獲私通匪區電台（座）	9	2				
破獲擾亂金融之地下商報電台（座）		2				
偵明無案密設之違章電台（座）	3	74	56	36	51	39
偵明根據地面情報之諜台案件（件）		50	14	29	42	14

數量＼年度　　區分	43 年度	44 年度	45 年度	46 年度7、8 月份	總計
破獲匪俄諜台（座）					1
破獲私通匪區電台（座）					11
破獲擾亂金融之地下商報電台（座）					2
偵明無案密設之違章電台（座）	56	47	26	7	395
偵明根據地面情報之諜台案件（件）	35	36	33	7	260

電信保密管制

數量＼年度 區分	38 年	39 年	40 年	41 年	42 年	43 年 上半年
監察檢舉 通訊洩密 案件 (件)	82	895	250	119	14	12
監察檢舉 通信違規 案件 (件)	63	81	132	612	114	98
監察並適 時糾正載 波電話洩 密違規案 件 (件)						
組訓非軍 用電信人 員 (人)				148	329	
查驗進出 口有無線 電器材 (件)	86,036	654,987	632,127	1,229,715	2,047,006	1,132,225
核發有無 線電廠商 特許營業 證 (枚)	54	190	202	384	526	625
核發無線 電器材準 購憑證 (枚)	572	3,765	4,636	6,729	44,162	24,431
查驗非法 有無線電 器材案 (扣處器材)	1,243	182	609	884	458	99
查驗非法 有無線電 器材案 (案)	47	29	21	14	27	45

數量 ＼ 年度 ＼ 區分	43 年度	44 年度	45 年度	46 年度 7、8 月份	總計
監察檢舉通訊洩密案件 (件)	5	76	24		1,477
監察檢舉通信違規案件 (件)	83	47	45	2	1,277
監察並適時糾正載波電話洩密違規案件 (件)	535	531	579	136	1,781
組訓非軍用電信人員 (人)	288	610	610		1,985
查驗進出口有無線電器材 (件)	3,023,103	37,269,167	35,756,846	411,126	82,242,338
核發有無線電廠商特許營業證 (枚)	702	3,572	227		6,482
核發無線電器材準購憑證 (枚)	158,527	81,173	84,684	20,287	428,966
查驗非法有無線電器材案 (扣處器材)	546	334			4,355
查驗非法有無線電器材案 (案)	95	169	138	11	596

船舶電信管制

數量 年度\n區分	38 年	39 年	40 年	41 年	42 年	43 年\n上半年
測向校核航行船位(次)		793	6,925	6,605	4,692	1,697
查啟封進出港船舶電台(座)		749	3,694	3,775	3,865	2,120
測導救助脫險海難商漁輪(噸)			25,528	38,636	10,678	6,205
測導救助脫險海難商漁輪(艘)			10	12	7	10
執行重要海運電信護航(艘次)			2	2	16	1
核准船舶電信人事異動(件)		164	316	291	282	99
執行船舶電信人事忠貞調查(人)		264	346	341	382	261

數量＼年度 區分	43 年度	44 年度	45 年度	46 年度 7、8 月份	總計
測向校核航行船位（次）	8,260	3,990	213	163	33,338
查啟封進出港船舶電台（座）	4,056	6,056	7,047	1,404	32,766
測導救助脫險海難商漁輪（噸）	13,135	12,360	7,391		113,933
測導救助脫險海難商漁輪（艘）	11	9	8		67
執行重要海運電信護航（艘次）	3				24
核准船舶電信人事異動（件）	414	347	298	138	2,349
執行船舶電信人事忠貞調查（人）	379	4,430	4,299	848	11,550

附表二十　台灣省保安司令部辦理入出境人員身份統計表

〔本表合計、總計多處不相符，依原表呈現〕

數量　年度 區分	41 年		42 年	
	出	入	出	入
部隊團體	17,148	18,650	21,359	27,772
軍人軍眷	4,284	4,370	2,994	1,595
民意代表	115	174	114	218
公教員眷	1,369	2,455	1,266	1,885
教員學生	227	516	922	1,800
忠貞人士			95	231
難胞		470		3,876
知識人士				293
工商人士	1,486	1,744	2,555	3,738
一般人民	1,748	4,379	1,555	3,588
自由職業	40	155	218	275
宗教人士	48	76	71	99
僑胞	195	421	189	194
海外僑團	434	752	1,041	1,402
外僑		318		229
其他	414	881	465	666
總計	27,502	35,361	32,844	47,861

年度 數量 區分	43 年上半年		43 年度	
	出	入	出	入
部隊團體	8,278	10,889	23,329	31,252
軍人軍眷	1,155	1,576	2,364	2,561
民意代表	190	431	117	219
公教員眷	824	1,313	1,778	2,580
教員學生	343	392	1,900	3,233
忠貞人士	28	96	18	67
難胞		1,093		930
知識人士		233		367
工商人士	1,220	1,620	3,029	3,758
一般人民	1,169	2,261	1,676	2,903
自由職業	157	196	406	505
宗教人士	22	71	72	126
僑胞	2	6	447	285
海外僑團	797	997	997	1,307
外僑		130		194
其他	346	523	559	822
總計	14,531	21,827	36,692	51,109

數量＼年度	44 年度		45 年度	
區分	出	入	出	入
部隊團體	32,831	33,549	39,346	38,638
軍人軍眷	1,665	2,313	2,001	1,638
民意代表	108	125	93	105
公教員眷	1,975	2,802	2,139	2,395
教員學生	3,723	6,302	5,715	8,959
忠貞人士	217	159	264	372
難胞		875		244
知識人士		169		105
工商人士	2,852	3,777	4,371	5,603
一般人民	1,755	21,088	2,949	3,345
自由職業	473	599	572	670
宗教人士	74	140	97	167
僑胞	1,683	642	1,808	725
海外僑團	1,728	1,871	3,820	4,473
外僑		210		206
其他	648	742	637	795
總計	49,696	75,347	63,812	68,440

數量＼年度	46年度7、8月份		合計	
區分	出	入	出	入
部隊團體	7,427	1,549	77,541	90,112
軍人軍眷	539	386	11,336	10,488
民意代表	12	11	548	1,053
公教員眷	993	970	6,230	9,203
教員學生	1,129	1,866	4,515	7,807
忠貞人士	1		142	394
難胞		9	0	6,378
知識人士		6	0	899
工商人士	744	730	9,084	11,590
一般人民	584	603	6,732	13,734
自由職業	152	107	973	1,238
宗教人士	12	39	225	411
僑胞	275	44	1,108	950
海外僑團	786	979	4,051	5,437
外僑		37	0	908
其他	136	129	1,420	4,021
總計	12,842	8,465	124,401	164,623

附表廿一　台灣省保安司令部辦理入出境人數統計表

人數\年度\區分		38 年	39 年	40 年	41 年
申請	出境	35,887	41,353	21,149	28,170
	入境	260,571	199,875	36,126	36,867
核准	出境	35,641	39,722	19,870	27,138
	入境	249,725	197,465	35,103	34,515
實際	出境	36,998	59,692	18,696	27,388
	入境	233,438	121,694	23,792	23,852

人數\年度\區分		42 年	43 年上半年	43 年度	44 年度
申請	出境	33,100	13,906	35,319	50,564
	入境	49,199	21,129	49,978	76,945
核准	出境	32,379	13,343	34,788	49,696
	入境	47,195	20,395	48,750	75,347
實際	出境	26,494	11,174	53,329	47,374
	入境	41,235	15,813	54,541	47,163

人數\年度\區分		45 年度	46 年度 7、8 月份	小計
申請	出境	64,636	13,094	221,778
	入境	69,971	8,715	661,460
核准	出境	63,812	12,842	215,723
	入境	68,440	8,465	641,613
實際	出境	52,633	17,028	250,799
	入境	53,184	13,953	528,318

附表廿二　台灣省保安司令部特檢工作破案成果統計表

類別	43年		44年		45年		46年 1至8月		總計	
	案數	人犯	案數	人犯	案數	人犯	案數	人犯	案數	人犯
叛亂	10	44	46	64	20	20	15	16	91	144
販毒	6	43	6	57	5	52	2	20	19	172
貪污	3	3	7	16	2	13	1	1	13	33
走私	27	31	35	52	22	12	14	16	98	111
逃亡	4	6	8	8	11	11	5	13	28	38
瀆職			1	1	5	10	3	9	9	20
洩密			4	7			2	2	6	9
盜賣軍品	1	2			5	4	5	7	11	13
私藏槍械			1	1			3	3	4	4
非法經營	25	6	7	4	6	3	3	3	41	16
偽造台幣			1	3					1	3
囤積居奇			2	2	1	1			3	3
擾亂治安			1	1					1	1
套匯	1	1	2	2	4	5			7	8
盜竊	2	4	1	2	2	5			5	11
非法出境			5						5	0
偽造文書			3	3	7	18	2	16	12	37
漏稅	94		83		4		3	3	184	3

類別	43 年		44 年		45 年		46 年 1 至 8 月		總計	
	案數	人犯	案數	人犯	案數	人犯	案數	人犯	案數	人犯
敲詐勒索	3	2	4	5	3	3	9	10	19	20
私菸私酒	1		4	2	10		2	2	17	4
妨害家庭					2	2			2	2
其他					8	4	4	14	12	18
合計	177	142	221	230	117	163	73	135	588	670

附記

一、叛亂案重要者如中華民國四十五年十二月破獲之「人民解放軍先鋒隊」曾來成匪諜案，及同年元月破獲之招商局培德輪務主任施珍、姚妙舟與邱垂洪等匪諜案暨潛台匪諜顧瑛案。

二、販毒案重要者如中華民國四十三年四月十日破獲之國際販毒案，捕獲毒販郭耀東、王朝高等卅六名，海洛英三、〇七〇公分。

三、走私案重要者如中華民國四十五年二月八日破獲之汪世耀手錶走私案，在木器內密藏手錶三、七〇五隻；及東勝耀一號與裕安號兩漁船走私案船貨全部扣辦。

四、逃亡案重要者如檢破駐金門陸軍第九師通信下士陳漢章、吳中山〔吳忠山〕等企圖逃奔匪區案。

五、洩密案重要者如四十四年五月檢破楊軒勾結商人洩漏糧政祕密及金門農會黃朝春洩密金門機場港口形勢圖。

補充資料一

省保安司令部組織條例

三十三年一月十九日公布

第一條　省於戰時設保安司令部，掌理全省保安及防空事宜。

第二條　省保安司令部直隸於軍事委員會，兼受行政院之監督，其有關事項並分別受內政部、軍政部、航空委員會之指導。

第三條　省保安司令部置司令一人，由省政府主席兼任，綜理部務，副司令一人，由軍事委員會派充補助司令處理部務。

第四條　省保安司令部設左列各處科室：

一、司令辦公室。

二、保安處：

綏靖科－掌理綏靖警備，及保安部隊指導調配、編組整訓、人馬統計與保安章制之擬訂事項。

訓練科－掌理保安部隊教育、演習、考核、校閱、情報及口令、信號、旗幟之領轉保管事項。

三、防空處：

軍防科－掌理防空部隊調配及作戰、訓練等事項。

情報科－掌理防空情報通詢及監視、警報等事項。

民防科－掌理防護團隊之組訓，及避
難、疏散、宣傳、防護、設備
各種管制之設計督導，及防毒
等技術研究與設計事項。

四、總務科：掌理人事、庶務、醫務，管理
警衛、交際、運輸，及其他不
屬於各處科事項。

五、軍法科：掌理軍法，及其他與軍法有關
事項。

六、經理科：掌理經臨費款之出納，及糧
服、械彈、營繕等事項。

七、會計室：掌理經費稽核，及審編預算、
決算等事項。

第五條　省保安司令部之編制，得酌分等級，其編制
及系統表，由軍事委員會定之。

第六條　省保安司令部辦事細則，由各省擬訂，呈請
軍事委員會核定之。

第七條　本條例公布後，各省保安防空機構，應依照
本條例組織之，但有特殊情形，呈經軍事委
員會核准者，不在此限。

第八條　本條例自公布日施行。

省保安司令部組織條例（修正）

三十七年十二月七日立法院修正全文八條

三十八年一月六日總統公布

第一條　在動員戡亂期間，省保安司令部依本條例之規定組織之。

第二條　省保安司令部隸屬於行政院，受國防部指揮監督。

第三條　省保安司令部置司令一人，由省主席兼任，綜理全省保安事務，副司令一人至二人，參謀長、副參謀長各一人，由國防部派充，副司令襄助司令，參謀長、副參謀長襄助司令、副司令，處理事務。

第四條　省保安司令部設左列各處科室：

一、祕書室：掌理機要文電事項。

二、參謀處：掌理一般參謀事項。

三、民眾自衛組訓處：掌理民眾自衛隊編組訓練事項。

四、政工處：掌理宣傳及政工事項。

五、經理處：掌理經費出納及糧秣、被服、裝具事項。

六、總務科：掌理庶務、警衛、交際、醫務事項。

七、會計室：掌理經費稽核及審編預、決算事項。

八、軍法室：掌理軍法檢察、審判事項。

九、防空科：掌理防空計劃及設施與防空人
員之訓練及情報傳遞事項，其
已設有防空司令部或指揮部之
省市，不得設置。

前項各處科室系統及編制，如附表。

第五條　省保安司令部之編制分甲、乙、丙三等，如
附表，由國防部酌察各省情形分擬等次，呈
行政院核定。

第六條　省保安司令部得設修械所，醫務所及警衛通
訊等機構，其編制另定之。

第七條　省保安司令部辦事細則，由省保安司令部訂
定之。

第八條　本條例自公布日施行。

省保安司令部編制表

區別	職別	階級	額數 甲等	額數 乙等	額數 丙等	備考
	司令	中將	1	1	1	
	副司令	少將	1-2	1-2	1-2	
	參謀長	少將	1	1	1	
	副參謀長	上校（少將）	1	1	1	
祕書室	祕書	軍薦一階	1	1	1	
	祕書	軍薦二階	1	1	1	
	譯電員	軍委一階	1	1	1	
	譯電員	軍委二階	1	1	1	
	司書	軍委四階	1	1	1	
參謀處	處長					副參謀長兼
	第一科科長	中（上）校	1	1	1	掌理人事
	參謀	中校	1	1	1	
	參謀	少校	3	2	2	
	參謀	上尉	3	3	2	
	司書	軍委四階	3	2	2	
	第二科科長	中（上）校	1	1	1	掌理情報
	參謀	中校	1	1	1	
	參謀	少校	2	2	2	
	參謀	上尉	3	2	2	
	繪圖員	軍委一階	1	1	1	
	司書	軍委四階	1	1	1	
	第三科科長	中（上）校	1	1	1	掌理作戰訓練編制補充
	參謀	中校	3	3	3	
	參謀	少校	3	3	3	
	參謀	上尉	5	4	3	
	繪圖員	軍委一階	1	1	1	
	司書	軍委四階	4	3	3	
	第四科科長	中（上）校	1	1	1	掌理補給衛生交通通訊
	參謀	中校	2	2	2	

區別	職別	階級	額數			備考
			甲等	乙等	丙等	
參謀處	參謀	少校	3	3	2	
	參謀	上尉	3	3	3	
	司書	軍委四階	2	1	1	
民眾自衛組訓處	處長	上校	1	1	1	
	第一科科長	中校	1	1	1	掌理編組
	參謀	中校	1	1	1	
	參謀	少校	1	1	1	
	參謀	上尉	2	2	2	
	第二科科長	中校	1	1	1	掌理訓練
	參謀	中校	1	1	1	
	參謀	少校	1	1	1	
	參謀	上尉	2	2	2	
	司書	軍委四階	3	3	3	
政工處	處長	上校	1	1	1	
	第一科科長	中校	1	1	1	
	科員	少校	1	1	1	
	科員	上（中）尉	2	2	1	
	第二科科長	中校	1	1	1	
	科員	少校	1	1	1	
	科員	上（中）尉	2	2	1	
	司書	軍委三階	1	1	1	
	司書	軍委四階	1	1	1	
經理處	處長	一等軍需正	1	1	1	
	第一科科長	二等軍需正	1	1	1	掌理經費出納
	科員	三等軍需正	2	2	2	
	科員	一等軍需佐	2	2	2	
	第二科科長	二等軍需正	1	1	1	掌理糧秣被服裝具器材
	科員	三等軍需正	3	3	2	
	科員	一等軍需佐	2	2	2	
	科員	二等軍需佐	3	2	1	
	書記	軍委一階	1	1	1	
	司書	軍委四階	2	2	2	

區別	職別	階級	額數			備考
			甲等	乙等	丙等	
總務科	科長	中校	1	1	1	
	科員	少校	2	2	1	
	科員	上尉	1	1	1	
	科員	中尉	1	1	1	
	科員	少尉	1	1	1	
	書記	軍委一階	1	1	1	
	書記	軍委二階	1	1	1	
	司書	軍委四階	2	2	1	
會計室	主任	一等軍需正	1	1	1	
	科員	二等軍需正	1	1	1	
	科員	三等軍需正	1	1	1	
	科員	一等軍需佐	2	2	2	
	科員	二等軍需佐	1	1	1	
	科員	三等軍需佐	1	1	1	
	司書	軍委四階	1	1	1	
軍法室	主任	軍簡三階	1	1	1	
	檢察官	軍薦一階	1	1	1	
	檢察官	軍薦二階	1	1	1	
	軍法官	軍薦一階	1	1	1	
	軍法官	軍薦二階	2	2	1	
	書記	軍委一階	3	2	2	
	司書	軍委三階	2	2	1	
防空科	科長	上（中）校	1	1	1	
	科員	中（少）校	1	1	1	
	科員	軍薦二階	1	1	1	分任軍防民防情報業務
	科員	軍委一階	2	1	1	
	技術員	軍薦一階	1	1	1	任防空工程之設計與督導業務
	司書	軍委三階	2	2	1	
	駕駛軍士	上士	2-3	2-3	2-3	副司令參謀長各一名並各吉普車一輛

區別	職別	階級	額數			備考
			甲等	乙等	丙等	
防空科	衛士	中士	2	2	2	司令二名副司令參謀長各二名副參謀長一名
	衛士	下士	5-7	5-7	5-7	
	司號	上士	1	1	1	
	傳達	中士	1	1	1	
	傳達	上等兵	5	4	3	
	勤務兵	上等兵	10	8	5	
	勤務兵	一等兵	5	5	3	
	飼養兵	上等兵	1	1	1	
	飼養兵	一等兵	2	1	1	
	炊事兵	上等兵	1	1	1	
	炊事兵	一等兵	6	5	4	

合計	甲等	乙等	丙等
官佐	138-139	128-129	113-114
士兵	41-44	36-39	29-32

省保安司令部系統表

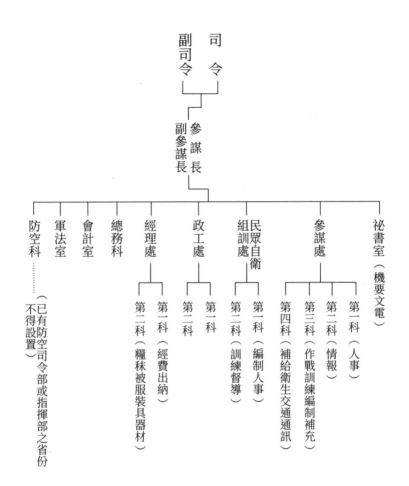

行政院院會討論廢止「省保安司令部組織條例」

行政院第一五九四次會議議事錄（節錄）

時　　間：六十七年八月三十一日

　　　　　上午九時至十一時十五分

地　　點：行政院

出　　席：孫運璿　徐慶鐘　俞國華　李國鼎

　　　　　高玉樹　陳奇祿　張豐緒　費　驊

　　　　　周宏濤　邱創煥　沈昌煥　高魁元

　　　　　張繼正　朱匯森　李元簇　張光世

　　　　　林金生　崔垂言　毛松年

列　　席：鍾時益（甘毓龍代）　　趙聚鈺

　　　　　張祖詒（請假）　　　　魏　鏞

　　　　　林洋港　李登輝　丁懋時　徐賢修

　　　　　連　戰　陳桂華　王金茂

主　　席：院長

祕 書 長：馬紀壯

副祕書長：符滌泉

紀　　錄：羅致賢

討論事項

　　（一）國防部函，請核轉立法院審議廢止「省保安司令部組織條例」、「省防空司令部組織條例」、及「陸軍大學校組織法」，請核議案。

說明

　　國防部函：省保安司令部及省防空司令部均於四十七年裁撤，陸軍大學校亦於四十年間撤銷，其組織法均已無存在必要，爰依中央法規標準法第二十一條第一項：「機關裁併，有關法規無保留之必要者」應予廢止之規定，檢附上述三種組織法律，請轉送立法院審議廢止。

擬議處理意見

　　查省保安司令部等三機構早已裁撤，其組織條例（法）原應早日廢止，惟以省保安司令部及省防空司令部裁撤後，其業務係由警備總部接管，而警備總部之組織係由本院核定，未予立法，同時三軍大學之組織亦未完成立法程序，故不宜辦理各該條例（法）之廢止程序。茲以新修正公布之國防部組織法第五條第二項規定：「動員戡亂時期於重要地區設置警備總司令部或司令部，其組織由國防部定之。」國防部參謀本部組織法第五條規定：「國防部參謀本部為培育軍事人才，得設各種軍事學校或其他訓練機構；其組織由國防部定之。」警備總部及軍事學校之組織既均已獲得立法授權由國防部制訂，省保安司令部組織條例、省防空司令部組織條例及陸軍大學校組織法自無再予保留之必要，擬同意予以廢止。茲將該條例等印附，擬請討論通過後，由院分案函送立法院審議廢止。提請核議。

決議

通過，函請立法院審議廢止。

立法院法制國防委員會討論審查廢止省保安司令部組織條例案

立法院法制、國防兩委員會審查行政院函請審議廢止省保安司令部組織條例第一次聯席會議紀錄（第六十二會期）（節錄）

時　　間：中華民國六十七年十月四日（星期三）
　　　　　上午九時三十分
地　　點：立法院第四會議室
出席委員：十八人
列席人員：行政院代表國防部次長崔之道
主　　席：吳委員延環

討論事項

一、審查廢止省保安司令部組織條例案

崔次長之道：

一、臺灣光復後在臺成立臺灣省保安司令部，嗣後分別成立臺灣省民防司令部（執行防空司令部業務）、臺灣防衛總司令部及臺北衛戍總司令部，於四十七年奉先總統蔣公核定成立臺灣警備總司令部，並同時撤銷上開保安、民防、防衛、衛戍各司令部。

〔中略〕

三、目前在臺已無保安、防空司令部及陸軍大學，於將來收復大陸後對於保安、防空各司令部及陸軍大學

等，政府也不致再成立，尤其國防部組織法修正及
參謀本部組織法公布後，警備總部即執行保安與民
防之事務，而參謀本部組織法第五條規定各種軍事
學校其組織由國防部定之，關於防空方面，參謀本
部作戰參謀次長即管理作戰，且空軍作戰司令即執
行防空積極作戰，係肩負防空司令部性質，因之依
中央法規標準法第二十一條第一款，機關裁併有關
法規無保留必要者，應予廢止之規定，所以建議將
以上三種組織法律，一併廢止。

白委員如初：

剛才聽了崔次長的報告，我們有個初步的瞭解，但
就個人記憶中，這個問題並不如此簡單。關於廢止這三
個機關的組織法，第一是省保安司令部，第二是省防空
司令部，第三是陸軍大學校法。如省保安司令部立法雖
在後，可是它的存在時間很長，記得民國二十年以前，
湖北省就有保安司令部，體制很高。後來先總統蔣公在
湖北武昌設行營及豫鄂皖三省剿匪總司令部，那時有個
新的制度，即在各省設行政督察區，置專員兼區保安司
令，省政府主席兼省保安司令，是配合當時的綏靖工
作。因為當時共匪西竄，餘孽未盡，地方保安及軍法執
行是長期性，為了當時的需要，所以省設保安司令部，
區設行政督察專員兼區保安司令，各縣縣長為當然軍法
官，以配合當時國內綏靖工作，這是當時的情況。

查該組織名稱為「省保安司令部組織條例」，等於
中央法規標準法中的通則性質相同，如各省需要設保安

司令部，即採用該組織條例，並非屬某一省的保安司令部，也未稱臺灣省保安司令部。反之，臺灣省如果設保安司令部，一定要採用「省保安司令部組織條例」。因此，該組織條例是屬全國性的一個通則。現在行政院根據中央法規標準法第二十一條第一款「機關裁併，有關法規無保留必要者。」請予廢止，據崔次長說明，機關並未裁併，而是把保安、防空兩個司令部業務歸併現在的警備總司令部。警備總司令部的情形，似為中央機關，又似地方機關，其精神與保安司令部是一脈相承的，故未完全裁撤。而是制度上及時代需要與任務有所不同而已；防空司令部亦復如此。在抗戰時期，各省設有防空司令部，現在把防空併入民防業務，與保安一併劃屬警備總司令部。

〔中略〕

今天本席為什麼要這樣說？在我們的記憶與瞭解中，根據中央法規標準法第二十一條的規定，行政院的來函的依據是該條文第一款「機關裁併，有關法規無保留必要者。」是否為機關裁併？我們的認定並非機關裁併，而是體制變更，情況不同，以及時代任務有別，其精神仍然是存在的。再就該條文第四款規定：「同一事項已定有新法規，並公布或發布施行者。」我們希望能有一個新法規，如省保安司令部與省防空司令部的新法規是現在的警備總司令部。〔後略〕

綜上所述，本席並非反對這三案的廢止，而是根據個人的記憶與瞭解，提供各位參考。

崔次長之道：

　　剛才白委員所提幾點意見，我們非常欽佩！不過我們請求審議廢止的裡由，是因為機關已不存在，組織體系與過去也完全不同。現在最主要的是有了國防部組織法及國防部參謀本部組織法，其所屬單位之組織與業務劃分，均依以上兩個組織法規定訂定之。如現在的警備總部，完全是執行保安司令部業務，依國防組織法第五條第二項規定，「動員戡亂時期於重要地區設置警備總司令部或司令部，其組織由國防部定之。」將來收復大陸後，各地區均可設警備司令部，即過去的保安司令部，只是稱謂上不同而已。〔後略〕

張委員金鑑：

　　本席同意白委員方才所說，「省保安司令部組織條例」是適用於全國的法律，現在臺灣省保安司令部撤銷，並非意味者「省保安司令部組織條例」就要廢止，因為臺灣省撤銷保安司令部，其他省仍可設立。政府要廢止省保安司令部組織法，必須在目前不需要，將來也不需要變更制度的情況下，才有充分的理由廢止。現在因為一省的保安司令部撤銷，就要廢除適用於全國的法律，在理由上是不充分的。〔後略〕

主席：

　　各位委員，行政院來函，依中央法規標準法第二十一條第一款之規定，請求審議廢止「省保安司令部組織條例」，有無異議？

無異議。

　　本案決議，「省保安司令部組織條例依法予以廢止」。報請院會公決。

總統令廢止省保安司令部組織條例

六十七年十月二十七日

省保安司令部組織條例，予以廢止。

總　　統　蔣經國
行政院院長　孫運璿
國防部部長　高魁元

台灣省保安司令部、台北衛戍司令部業務連繫協定

四十二年十二月一日訂

第一條　台灣省保安司令部與台北衛戍司令部為拱衛中樞，平時確保地方治安，戰時執行管制，本諸兩部一家團結合作精神，加強業務連繫，特制定本協定以期遂行任務毫無遺憾。

第二條　本協定有關事項如左：

甲：戒嚴業務部份

一、戒嚴地區內郵信電報之檢查，由保安司令部郵電檢查所辦理，所得資料影響衛戍區治安特大而具有時間性者，由郵檢所迅速通報衛戍司令部第二處（戒嚴業務實施細則第十三條）。

二、衛戍區內船舶、車輛及其他交通工具之檢查，由衛戍司令部負責，航空機之檢查，由保安司令部辦理（戒嚴業務實施細則第十五條）。

三、衛戍區內私有武器及其他危險物品，經保安司令部平時調查登記之資料，定期通報衛戍司令部第四處。

四、戒嚴地區內電信監察檢查及收音機登記、電訊器材統制之執行，由保

安司令部電訊監察所辦理之，有關
衛戍區者，應通報衛戍司令部第四
處（戒嚴業務實施細則第十五條及
二十條）。

乙：情報業務部份

一、衛戍區內有關社會治安、僑民動態、
軍事情況等資料，由衛戍司令部第
二處、保安司令部保安處隨時相互通
報，其影響衛戍區地方治安特大而具
有時間性者，由保安處所屬各情報機
構直接供給衛戍部第二處。

二、本省地區社會情報、經濟情報、電
信情報與衛戍司令部有關者，由保
安司令部有關單位摘要通報衛戍司
令部第二處。

三、衛戍區內重要人員及團體出入境動
態，由保安司令部松山機場聯檢組
及聯審處隨時逕與本部第二處聯絡
（技術問題已另商訂）。

四、派駐空軍作戰司令部負責防空情報
連絡人員，仍由兩部分別派遣輪流
擔任防情之傳遞。

丙：警備業務部份

一、有關全省性治安措施（如冬防及保
安檢查等），屬衛戍區者交由保安
司令部會同衛戍司令部辦理。

二、有關重要肅防案件，須使用部隊時，
衛戍司令部得應保安司令部之請求，
派遣衛戍部隊協助之。

三、衛戍司令部營門警衛事宜，由保安
司令部警衛營負責。

第三條　本協定經兩部首長核准後施行。

第四條　本協定如有未盡事宜，得隨時會商增訂之。

補充資料二

國防部報告台灣省保安司令部任務及職掌

四十六年六月七日

一、任務

　　指揮、監督、計劃、協調所屬及勤務部隊之業務與行政。

二、職掌

1. 全省治安業務之策劃、監督與執行。

2. 情報部署、蒐集、整理、研判及運用。

3. 全省肅奸行動之統一及自首、自新份子之輔導、管訓、考核。

4. 全省工礦場廠暨交通通信之監護、部署、督導。

5. 全省山地治安、警備、管制、組訓之策劃、督導與執行。

6. 全省郵電檢查、電信偵測暨電信人員器材、情報之管制、整研。

7. 出入境管制檢查及協助緝私之策劃、部署、執行。

8. 軍民協調、文化宣傳暨書刊、報章、雜誌之審查。

9. 軍事人犯案件之檢察、審訊、裁判、戒護。

10. 匪俘管訓及保安處分人犯管訓。

11. 全省人員、物資出入境之管制暨港口、機場進出口安全聯合檢查。

12. 本部一般行政暨後勤業務之計劃、督導、實施。

13. 本部與外籍機構連絡及外文編譯。

台灣省保安司令部對五月廿四日臺北不幸事件檢討報告

四十六年六月七日

項目一

自三月廿一日劉自然案發生至五月廿三日美方宣判雷諾茲無罪，我方在此期中，有關該案之處理有何缺點？今後應如何改進？

要點一

劉案發生後及雷諾茲開始審判時，與五月廿三日雷諾茲案宣判後，對於各報刊廣播電台所發表之言論與消息，曾經由何機構予以注意？今後應由哪一機構負責其指導工作？

意見一

本部對於報刊廣播電台所發表之言論與消息，曾予以注意，劉案發生後，曾經綜合各報刊反映言論併編調查專報，於四月十二日以安扶字第五五一號代電，報上級參考注意。

要點二

陽明山警察所及地檢處調查所得資料，除由外交部送致美方外，曾否研慮如何處理？又所送達美方之資料是否已包括全部有關事實？是否有調查欠周及報告欠詳之處？過去對此類事宜之處理程序是否有缺點？今後應

如何改進？

要點三

　　有何一個機關對本案可能之發展及其可能產生之影響經常注意研究？並就有關事宜聯繫其他單位作統籌之決定？今後應如何改進？

意見三

一、本部對本案可能之發展及其可能產生之影響，曾予經常之注意，除於三月廿日事發後多方蒐集資料，分析調查經過、疑點、各方反應、可能引起之不良後果及提出有關處理之意見，於四月十二日以安扶字第五五一號代電轉報國家安全局外，並於四月十九日接奉安全局覆電，將有關分析及建議事項，於五月十五日以安捷字第一五〇二號令轉知警務處參辦。

二、不幸事件發生前夕，當五月廿三日美軍事法庭對雷諾茲宣判無罪消息傳出後，本部即預料事態之嚴重，由於全省治安職責之所在，當密切注意各方反應，並於當日接奉上級指示，曾作如下措施：

　　（一）十七時卅分，王潔副司令接奉參謀總長彭上將電示，當分別電話憲兵部劉司令及省警務處汪副處長請飭嚴查防範。

　　（二）十七時卅分及十九時，國防部馬副部長復先後電話本部王潔副司令及李副司令，當經李副司令著本部保安處劉處長召集刑警總隊長李葆初及台北市警察局長劉國憲會商飭屬

防範。

（三）依據所獲情報，漏夜通知救國團、教育廳、板橋華僑中學及台北市成功中學注意學生行動之約束及情緒之疏導，並電話飭陽明山警察所注意陽明山及天母兩地美僑住宅之安全，復漏夜整理有關反應情況，以振捷字第九六號情報於翌（廿四）晨分報各級長官及有關單位。

要點四

今後對此類臨時突發之涉外事件，在處理尚有何要項，應予注意？

意見四

一、今後對於涉外刑事案件在處理上應注意之要項，似有下數各點：

（一）對於案情之調查宜多方採證，務求澈底了解事實之真相，以作處理之準據。

（二）對案件發生後新聞廣播消息及言論之報導，應由主管機關負責指導，並適時主動公佈正確之報導或公告。

（三）外交機關與治安負責機關應切取連繫，向外國提出有關交涉之文件，應力求切實完整，並宜將我方有關顧慮意見提出，促起對方之注意。

（四）情報治安機關對有關輿論反應情況隨時蒐集，提供負責處理單位參考。

（五）對受害者之家屬，宜有適當之疏導與安撫。

二、對於突發涉外事件在處理上之要項有如下述：

（一）對於一般涉外個人衝突事件：

1. 以最迅速方法通知負責之警憲機關。

2. 負責警憲應以最迅速手段派遣足夠兵力馳赴現場，維持秩序，防止群眾之騷動。

3. 對肇事雙方儘速與群眾隔離，最好立即將雙方帶離現場，隔離群眾，然後作合理之調解。

（二）對於集體突發事件：

1. 儘量求於事前情況或徵候之獲得，作事先之預防。

2. 事件突發後，應以最迅速方法調集足夠使用之警憲或部隊兵力馳赴現場，實施彈壓。

3. 對現場之處理，首應實施局部戒嚴封鎖現場，同時在場內勸導或驅散旁觀之群眾，將肇事份子隔離監視，必要時逮捕其為首份子。

4. 迅速有效制止有關破壞行動，平抑事態之擴大。

5. 事後對新聞廣播消息之發佈，應予控制，必要時並適切公佈事件之正確真相。

項目二

依據五月廿四日不幸事件發生之經過，我方在（1）
行政制度與程序之遵守；（2）各治安機關權責之所屬；
（3）對臨時緊急事件處理之程序；（4）憲警與保安部
隊之配置訓練與裝備；（5）情報工作之配合；（6）對
群眾麕集情事處理之技術等方面；有何缺點？今後應如
何改進？

要點一

雷諾茲被宣佈無罪後，新聞輿論已趨憤慨，何以對
劉奧特華未能妥與安置？今後關於此類事宜應由那一個
機關負責注意？

要點二

五月廿四日上午十時許，劉奧特華到達美大使館門
前，十時廿分台北市警察局督察長率警到場，至十四時
廿分群眾進入使館之不幸事件發生，其間共達四小時之
久，何以未能及時處理？負責單位何時向上級報告？曾
經作何準備與措施？上級又有何指示？

檢討二

關於延宕四小時之久，未能及時處置之原因，根據
警務處事後檢討報告，認為係由警察對防止騷動經驗不
足，臨事慌張，缺乏當機立斷之決心，致在事件初期事
態尚能控制之際（按在十三時十五分少數群眾開始投石
時，尚可以強力壓制），未能儘先善用方法勸使劉奧特
華離開現場，卒致群眾越聚越多，衝入使館，另一原因

乃為當日防空演習，警力分散，無法集結，直至群眾進入使館，尚未有憲兵或衛戍部隊增援，無法驅趕群眾。

要點三

　　當日十二時半美代辦曾請我方立即加派警察作有效保護，至十四時廿分群眾進入使館亦達兩小時，當時之處理程序如何？由何機構負責？十三時五十分馬副部長亦曾電保安司令部李副司令採取防範措施，究係何種原因，未能及時採取有效行動？增援憲警何以至十六時以後始大批出動。

檢討三

　　關於馬副部長十三時五十分電示本部李副司令採取防範措施一節，查本部副司令接獲馬副部長上項電話後，立即作如下措施：

（一）對衛戍區內：

　　⑴ 十四時電話建議憲兵部劉司令調派憲兵前往大使館鎮壓。

　　⑵ 十四時十五分電話建議衛戍部黃司令速調憲兵部隊實施鎮壓。

（二）全省其他地區：

　　⑴ 飭保警第一總隊派遣兩個分隊，加強陽明山及天母外僑住宅區安全維護，特別注意由士林通往天母及陽明山要道之警戒，確保美僑之安全。

　　⑵ 通飭全省各警察局長及本部各地諜報組切實戒備，維護外僑安全，阻止民眾集體騷動。

(3) 電本部台中指揮所王超凡副司令負責主持協
調各單位採取防範措施（午夜二時並請省府
教育廳劉廳長、農學院代理院長及軍訓教
官、訓導主任等參加開會），特別注意台中
農學院、東海大學及第一中學等學生集會遊
行與騷動事件之防止，確保外僑之安全。

要點四

群眾進入大使館時，在場憲警何以未能有效制止？
當時制止與抗拒之情形究竟如何？

檢討四

依據警察之檢討，斯時群眾已越聚越多，且警察缺
乏特種武器如瓦斯槍彈，又無阻截交通工具如鐵絲網、
拒馬等設備，致無法阻止群眾。

要點五

自十四時廿分群眾進入美大使館，至十七時美新聞
處被損毀，其間共歷兩小時四十分，事態已甚嚴重，何
以未能採取有效之防範？

要點六

此一事件原屬地方突變事宜，台北市警察局係屬於
台北市政府，台灣省保安司令部由主席兼司令，台灣省
警務處係屬於台灣省政府，何以台北市長、台灣省政府
主席均未及時接獲報告？

檢討六

查事件醞釀之始，本部李副司令即密切注意事態之發展及作必要之處置，迨事件突發後，始終與衛戍部黃司令、憲兵部劉司令及警務處樂處長集會於衛戍部黃司令辦公室，全神貫注事件之處理，故未及時向兼司令嚴主席報告

要點七

據各方報告，此一事件發生之前後，情報之配合極為遲緩，而廿五日事件發生之後，中央與各大專學校所獲情報，又多極為零碎，而且多有錯誤，何以竟有此種現象發生？今後應如何改進？

檢討七

一、查此次事件發生前後，本部情報工作檢討尚無配合遲緩之處，事件發生後，本部復奉國家安全局指示成立情報中心統一處理有關情報，與各單位配合極為密切，均有事實可查。

二、至於中央與各大專學校所獲情報零碎而有錯誤一節，恐係指部分不實之謠言而言，此種謠言在未查證確實以前，本部從未隨便濫行轉報，而所有該等被傳播之謠言，均經本部一一予以查明，加以闢謠糾正。

三、凡一消息未經查實之前，作有聞必報之濫報，當不免於發生錯誤之現象，在動亂之際，謠言與誤會之事件最易發生，最具經驗之情報人員有時亦不免於發生錯覺，此亦為技術上之問題，今後改進之道，

惟有加強情報蒐集研判技術之訓練，特應著重分析
查證工作。

要點八

基於上述各點之檢討，對此次不幸事件之處理，在
行政程序上有何缺點？今後在行政制度上應如何改進？
始能達成制度化之要求？

要點九

基於此次教訓，今後對治安機關之設置及權責之劃
分、任務之確定應如何改進？

檢討九

一、關於治安機關之設置及權責之劃分、任務之確定，
　　原有極明確之規定，依行政院四十三年十一月二日
　　核准（台四三（防）字第七○○二號令）國防部
　　四十三年十一月十三日戡戒字第一七二號令頒修正
　　「台灣省戒嚴業務」第二條之規定，原文如下：
　　「第二條　國防部統一掌理台灣全省軍人及非軍人
　　戒嚴業務，分別交由台灣防衛總司令部、台灣省保
　　安司令部執行，台灣防衛總司令部秉承國防部執行
　　全省（不含台北衛戍區）軍人戒嚴業務，台灣省保
　　安司令部秉承國防部執行全省（不含台北衛戍區）
　　非軍人戒嚴業務，但應兼受台灣防衛總司令部之指
　　導，台北衛戍司令部秉承國防部執行台北衛戍區軍
　　人及非軍人戒嚴業務，又保安司令部在分區執行戒
　　嚴業務時，其分區應與各軍團司令、東部守備區指

揮官及澎湖防衛司令官切取連繫」。

二、關於台北衛戍區內業務之劃分，依照四十六年四月十六日國防部（46）增堅字第〇二六四號令頒之「台北衛戍區編組裝備表」職掌部分第 8 項規定，原文如下：「維持轄區內之軍紀及地方秩序，並保護中外居民暨國有建築物等（但肅奸、防諜、緝私、檢查等職責乃由憲兵司令部及保安司令部負責）。」

三、依據上述規定，治安機關權責與任務之劃分，已極為明確，亦無重複衝突之處，故此次事件之發生，非由於權責任務不清，至屬明顯。

要點十

我方憲警日常之配備、訓練與裝備，在此次事件中有何缺點暴露？今後應如何改進？

檢討十

一、此次事件中，我方憲警日常配備、訓練與裝備所暴露之缺點，除訓練方面對鎮亂方法，尚有欠缺外，裝備方面最大之缺點，乃缺乏有效之鎮亂武器，如瓦斯槍彈等配備。

二、今後除應加強與熟練鎮亂之演習行動外，似宜研究與參考美國之裝備，如瓦斯槍彈等武器，予以充實訓練使用。

要點十一

　今後對群眾之囂集事件，憲警之工作技術與應付之程序應如何改進？除憲警機關外，應由何機關負責協助處理向群眾開導？

檢討十一

一、關於今後憲警對囂集群眾，應付工作與程序之意見如下：

　（一）對為首份子或被害者，無論任何情況下，應迅予勸導，強制離開現場。

　（二）於群眾開始囂集時，應立即封鎖交通，組止群眾之繼續集結。

　（三）對已集結之群眾，應迅予驅散，並得適時使用瓦斯槍彈強行驅散。

　（四）祕密偵查並跟蹤激烈或為首份子，必要時予以逮捕。

二、關於此種事件，今後應由何機關負責協調處理，向群眾開導一節，應視群眾之性質而定，如學生群眾宜會同教育當局，如屬工人群眾則應會同社會局（科）及有關工會協調進行開導。

項目三

基於此次教訓，今後我國在外交方面、宣傳方面、社會教育方面與日常涉及外人糾紛之處理方面，應如何改進？

要點一

關於美軍顧問團人員，享受外交豁免權之範圍，美軍駐台人員之地位待遇等問題，應如何妥與美方談判？

檢討一

建議儘速與美方進行談判，早日獲得解決。

要點二

如何在宣傳方面及社會教育方面採取適當有效之行動，以增進國民對現代國際社會之常識，及中美人民間之相互了解？

檢討二

一、社會教育方面，亟應遵領袖本（四六）年六月一日訓示辦理，以增進國民對現代國際社會常識。

二、宣傳方面，儘量加強有利之正確新報導，利用報章、刊物、無線電台廣為宣揚，並注意制止不利及歪曲不當消息與言論之報導，以增進中美人民間感情與了解。

要點三

如何改善警察對中國同胞與外僑間日常糾紛之處理方法與態度，增進警察保護外僑之基本知識？

檢討三

　　今後改進辦法，應講求物證人證之蒐集，依據法理作合理合法之公平處理，對於同胞與外僑間糾紛解決，必須避免感情用事以及畏懼心理之影響，平時尤應列舉事例為教材，加強訓練，以資熟習。

台灣省保安司令部關於美大使致國務院報告中疑問解答

四十六年七月九日

疑問一

「五二四」事件曾有革命實踐研究院與青年救國團基層人員參加騷動，為何我方逮捕之一百十一人中經處刑者，並無以上兩機構之人員？因此懷疑交付軍法審判四十人是掩護該兩機構參加暴行之份子，故判罪輕微。

解答一

「五二四」事件中絕無革命實踐研究院及青年救國團基層人員參加，所以有此誤傳，可能由於：

（一）劉自然之姊丈李支係革命實踐研究院現職輔導員，當日下午二時，曾偕劉自然之表兄馮先生同至現場勸劉奧特華離去。

（二）群眾中有鄭滔一員曾任革命實踐研究院工友（本（46）年五月十六離職），當日下午曾進入現場勸走劉奧特華，態度稍見暴躁。

（三）有不同學校之高中學生而為青年救國團團員之葛通和、張中陵、林獻堂三人及其他初中或夜間補習班學生十八人，因當日適值防空演習，各學校均未上課，曾於回家途中行經現場附近，以好奇而滲入人群中觀看（按台北市各高中學校現加入救國團之學生約為三萬餘人，如為計劃之參加，至少應有千百倍於此之人數）。

上列人員除李支一名離開現場時間甚早未予逮捕外，其餘雖經逮捕，因查證罪嫌不足，故均予依法不起訴處分。

疑問二

前函送之生活雜誌照片剪報二張，所照入鏡頭之人及附上之兩張攝人在露台上演講之人及站在旁邊之人，切實查明是不是曾經逮捕？並在一百一十一人之名單上？

解答二

關於美國生活雜誌上照片所見之撕毀美國旗者迄目前止尚未捕獲，惟台灣省刑警總隊於五月廿四日所另攝撕旗現場照片（見附件）中之參預撕旗者吳南芳乙名，業於本（八）日由台北市警察局捕獲，訊據供稱：現年廿六歲，廣東三水人，前在本市中山北路一段八十三弄六十一號台龍乾電池廠做工，四十五年七月離職後，失業至今，於本年五月廿四日下午二時路經美大使館見圍著甚多群眾乃駐足觀看，忽有一面美國國旗從裡面拋出丟在我頭上，乃參預大眾撕旗，照片中其他撕旗者均不認識等語。

至在露台上之張口舉手演講者為王烈，現年廿七歲，松江哈爾濱人，住台北市〔地址遮蔽〕，無業，曾參與搗毀美使館汽車，並在該館露台上當眾演講鼓動群眾前往搗毀美新聞處，當場經警察人員攝入照片並予監視，旋因被其混入群眾脫逃，事後歷廿餘日之偵查，始獲悉為王烈其人，刑警總隊乃借故輾轉約晤，迨至六月

十八日始約談到該總隊,訊據供認參加騷動,搗毀美使館汽車,登露台演講等情不諱,並核對照片無誤,乃於同月廿日扣解台北衛戍司令部,因當時所有騷動事件中逮捕之不法份子一百一十一名業已起訴,未及併案處理,現正依法處理中。

其於旁立穿便衣之兩人,其中一人持照相機,判斷以為新聞記者,均尚待查證。

疑問三

美方懷疑警察多採旁觀態度,附上照片兩張,所攝入之警察人員及穿軍服人員應切實根查明確予以詢問?

解答三

查在露台上於王烈演講時旁立之制服人員二人均係警察,並無軍人,該警察二人中戴圓頂帽穿短袖警便服者,係保安第一警察總隊第三大隊機砲中隊隊員宋君淼,戴鋼盔者係台北市警察局交通警隊隊員郭伯俊,經詢據宋、郭兩員述稱:當王烈演講時,正值群情激昂狀況混亂時期,警察人員其時已失去控制力量,只能採取改壓制為勸導方式,冀圖弭亂於萬一,故照片所見宋警對王烈係作勸阻狀,而郭警正全神加以監視,無如當時王烈於向群眾講完數語後,即迅速混入人潮中離去,致未能即時捕獲,按以後王烈之仍能緝獲歸案,得力於郭警之指證為多。

疑問四

劉自然及奧特華究竟是否與雷諾茲認識？

解答四

此事曾經向劉奧特華詳詢並多方查證，迄無具體事證足資認為劉自然夫婦曾與雷諾茲認識，現美國輔導中心正擬於日內專人直接向劉奧特華訪談中。

疑問五

美大使館方面認為「行政院俞院長報告謂，當暴動時有人將美國國旗取下撕毀，並隨即從大使館內取出一面中國國旗升起，實際上，不僅旗桿上之美國旗曾被取下污瀆，即大使館貯藏室內之數面美國國旗亦為取出撕毀，就現時所知，在暴動前美國大使館所有中國國旗，均為絲織者，一置於大使辦公室，另一置於接待室，此兩面國旗均已遺失，顯已為暴徒偷去，群眾另自外間攜入中國國旗數面懸陳於大使館，有當時所攝照片可資證明，此向中國國旗中若干面業經美方官員於暴動後，在大使館內，送交外交部」云云……，最好能指出上述警察人員之姓名及認明該升起之旗為大使館內放置之中國國旗的美大使館人員姓名職務，以澄清其疑惑。

解答五

查暴徒在美大使館所升起之我國國旗，確係美大使館內之物，而非自外攜入，其事實根據如左：

1. 該項國旗均鑲有黃色穗子，非我國市面上所可購得，亦非我國所有之旗式。
2. 可以指出此一事實之警察人員，計有台北市警察局

外事主任施城及省警務處第五（外事）科組員潘忠潤兩人。

3. 上列警察人員，且曾受命於事後向美大使館方面，正式查證，並由美大使館安全官阿克曼飭屬華籍職員王曾灝（英文名 FRANK WANG）查告該項中國國旗，不僅確係美大使館內之物，且係美國務院所發，該項旗幟，美大使館高級華員大部見過，應可據此報查求證，以資澄清疑惑。

台灣省保安司令部副司令李立柏呈送行政院副院長黃少谷五二四事件報告

四十六年七月十日

極機密第七號

報告

一、昨（九）日奉交查五月二十四日發生騷動事件時，美大使館陽台出現我國國旗兩面，就照片上觀之，其一豎立在武裝警察身旁，是否為武裝警察所握持一節，謹將查證實情，分陳於次：

1. 相片中之武裝警察，經查明為台灣省保安警察第一總隊三大隊機礮中隊之警士宋君淼，該隊於是日事件發生時，亦為奉命前往鎮壓部隊之一，該宋警左手所握持之物，為擊於腰際衝鋒槍彈夾，並非旗桿，因國旗之位置尚在其左側身後靠近門窗，宋警則係靠近陽台欄桿，與國旗位置上有若干距離，且該旗桿插在旗墩上，根本不需用人扶持。

2. 復向相片左立之台北市警察局交通隊警員郭伯俊查證據稱：該旗原係豎立於藍欽大使辦公室內，事件發生時，被暴徒連旗墩自室內搬至陽台，當時並無人扶持，亦根本不需用人扶持，宋警與國旗之關係位置，旗係在其身後。

3. 就現有照片粗看，該宋警左手似依靠我國旗旗桿若有所扶，唯用放大鏡仔細察看，該宋警左手係

握衝鋒槍彈夾，及就照片上所現示之陰影觀之，

該宋警左手並未扶持國旗旗桿，已至為明顯。

二、謹檢附原照片一份，恭請鑒核！

謹呈黃副院長

職李立柏

民國史料 080

台灣省保安司令部沿革史
History of Taiwan Provincial Security Command

原　　編　台灣省保安司令部
編　　輯　民國歷史文化學社編輯部
總 編 輯　陳新林、呂芳上
執行編輯　林弘毅
封面設計　溫心忻
排　　版　溫心忻
助理編輯　林熊毅

出　　版　🛡 開源書局出版有限公司

香港金鐘夏慤道 18 號海富中心
1 座 26 樓 06 室
TEL：+852-35860995

✿ 民國歷史文化學社 有限公司

10646 台北市大安區羅斯福路三段
37 號 7 樓之 1
TEL：+886-2-2369-6912
FAX：+886-2-2369-6990

初版一刷　2023 年 5 月 31 日
定　　價　新台幣 380 元
　　　　　港　幣 105 元
　　　　　美　元　15 元
I S B N　978-626-7157-81-7
印　　刷　長達印刷有限公司
　　　　　台北市西園路二段 50 巷 4 弄 21 號
　　　　　TEL：+886-2-2304-0488

http://www.rchcs.com.tw

國家圖書館出版品預行編目 (CIP) 資料
台灣省保安司令部沿革史 = History of Taiwan
Provincial Security Command/ 台灣省保安司
令部原編 . -- 初版 . -- 臺北市 : 民國歷史文化學社
有限公司 , 2023.05

　　面；　公分 . -- (民國史料 ; 80)

ISBN 978-626-7157-81-7 (平裝)

1.CST: 台灣省保安司令部　2.CST: 歷史

733.292　　　　　　　　　　112007362